언플러그드 놀이 보드 게임

YoungJin.com Y.
영진닷컴

놀이를 통해 쉽게 배우는 우리 아이 첫 소프트웨어
언플러그드 놀이 보드 게임

초판 1판 1쇄 발행 : 2018년 1월 8일
1판 3쇄 발행 : 2019년 8월 12일

발행인 : 김길수
발행처 : ㈜영진닷컴
등 록 : 2007. 4. 27. 제16-4189호
이메일 : support@youngjin.com
주 소 : (우)08505 서울특별시 금천구 가산디지털2로 123 월드메르디앙벤처센터2차 10층 1016호 ㈜영진닷컴

Copyright ⓒ 2019 by Youngjin.com Inc.
1016, 10F. Worldmerdian Venture Center 2nd, 123, Gasan digital 2-ro, Geumcheon-gu, Seoul, Korea 08505
All rights reserved. No part of this book may be reproduced or transmitted in any form or by any means, electronic or mechanical, including photocopying, recording or by any information storage retrieval system, without permission from Youngjin.com Inc.

ISBN 978-89-314-5681-3

독자님의 의견을 받습니다.
이 책을 구입한 독자님은 영진닷컴의 가장 중요한 비평가이자 조언가입니다. 저희 책의 장점과 문제점이 무엇인지, 어떤 책이 출판되기를 바라는지, 책을 더욱 알차게 꾸밀 수 있는 아이디어가 있으면 팩스나 이메일, 또는 우편으로 연락주시기 바랍니다. 의견을 주실 때에는 책 제목 및 독자님의 성함과 연락처(전화번호나 이메일)를 꼭 남겨 주시기 바랍니다. 독자님의 의견에 대해 바로 답변을 드리고, 또 독자님의 의견을 다음 책에 충분히 반영하도록 늘 노력하겠습니다.

파본이나 잘못된 도서는 구입하신 곳에서 교환해 드립니다.

STAFF
저자 홍지연 | **총괄** 김태경 | **기획** 정소현 | **본문 편집·디자인** 함세영 | **부록·표지 디자인** 고은애
영업 박준용, 임용수 | **마케팅** 이승희, 김다혜, 김근주, 조민영 | **인쇄** 제이엠 | **제작** 황장협

 인사말

언플러그드 놀이 책이 많은 분들의 꾸준한 관심과 응원 덕에 1권, 2권에 이어 3권으로 다시 인사드리게 되었습니다. 언플러그드 놀이 책 1권에서 저학년 아이들도 쉽게 따라할 수 있는 재미있는 놀이를 통해 컴퓨팅 사고력을 키울 수 있었다면, 2권은 보다 심도 있는 내용을 재미있는 놀이와 함께 배우면서도 다양한 컴퓨팅 분야의 이슈들까지도 소개해 드리고자 하였습니다. 이어 3권에서는 다양한 코딩 보드 게임을 통해 컴퓨팅 사고력을 키우며 나아가 컴퓨터 과학에서 다루는 개념과 원리를 놀이를 통해 배워나갈 수 있도록 하였습니다.

보드 게임의 교육적 효과는 이미 널리 알려져 있습니다. 주어진 상황을 분석하고, 판단하여 승리할 수 있는 전략을 끊임없이 생각하는 가운데 문제를 해결하는 역량을 키울 수 있습니다. 또한 그 과정에서 일어나는 친구들과의 언어적 상호작용은 의사소통능력을 키우는데도 효과적입니다. 이런 보드 게임의 일반적인 교육적 효과에 코딩이라는 요소가 더해진 코딩 보드 게임의 경우 순차, 반복, 선택과 같은 기본 제어구조를 익힐 수 있을 뿐 아니라 알고리즘을 설계하는 능력 나아가 컴퓨팅 사고력 신장에도 도움이 됩니다.

우리 친구들이 소프트웨어 교육을 또 하나의 재미없는 공부가 아니라 즐겁게 놀면서 배울 수 있었으면 좋겠습니다. 특히 다양한 코딩 보드 게임을 친구와 함께 하면서 자신의 생각을 키우고, 그 속에 담겨진 코딩의 개념과 원리까지도 익힐 수 있기를 희망합니다. 정해진 답이 아니라 승리 전략을 스스로 짜고, 시행착오를 겪는 과정 속에서 어제보다는 오늘, 오늘보다는 내일 한 뼘 더 성장해 가기를 기대합니다.

| 저자 소개 |

홍 지 연

초등학교 교사

한국교원대학교 대학원 초등컴퓨터교육 박사과정

저서

- 언플러그드 놀이 1, 2(영진닷컴)
- 학교 수업이 즐거워지는 엔트리 코딩(영진닷컴)
- 이야기와 게임으로 배우는 스크래치(위키북스)
- Hello! EBS 소프트웨어(ebs)
- why? 코딩 워크북(예림당)
- 소프트웨어 수업백과(상상박물관)
- 호시탐탐 코딩그림동화시리즈(교원) 외

 # 소프트웨어와 친해지는 **언플러그드 놀이**

1. 소프트웨어 교육 이렇게 시작하세요!

▶▶▶ **소프트웨어 교육, 왜 필요한가요?**

우리는 지금 스마트폰으로 쇼핑을 하고, 인터넷 검색을 통해 어떤 정보라도 쉽게 찾아볼 수 있는 세상에 살고 있습니다. 앞으로 우리가 살아갈 세상은 어떻게 변할까요? 무인 자동차가 일상화되고, 로봇이 수술을 하며, 스마트폰 하나로 집안의 모든 기기들을 원격으로 제어하는 시대가 될 것입니다. 이 모든 변화를 가능하게 하는 것이 바로 '소프트웨어'입니다. 이렇게 소프트웨어가 움직이는 세상에서 살아갈 우리 아이들이 소프트웨어에 대해 알아야 하는 것은 당연한 이야기가 될 것입니다. 또한 소프트웨어는 어떠한 문제 상황을 해결한 결과물이기 때문에 소프트웨어에 대해 공부한다면 문제를 해결하는 방법을 생각하고, 실제로 이를 해결할 수 있는 능력도 키울 수 있습니다.

▶▶▶ **소프트웨어 교육을 어떻게 시작해야 할지 모르겠다고요? 언플러그드 놀이로 시작하세요!**

그렇지만 당장 소프트웨어를 어디서부터 어떻게 배워야 할지, 우리 아이들에게 어떻게 소개해야 할지 모르겠다고요? 그렇다면 소프트웨어 교육을 언플러그드 놀이로 시작해 보면 어떨까요?

언플러그드(unplugged)란? 말 그대로 플러그가 연결되지 않고 분리된, 즉 컴퓨터의 연결 없이 이루어지는 컴퓨터 교육 활동을 말합니다. 컴퓨터를 공부하는데 컴퓨터가 없다니? 컴퓨터의 작동 원리나 컴퓨터 공부를 할 때 필요한 개념 등을 컴퓨터 없이 게임이나 놀이를 통해 배우는 활동이 바로 언플러그드라고 할 수 있습니다.

언플러그드 놀이는 누구나 쉽게 배울 수 있을 정도로 아주 재미있습니다. 게임이나 놀이를 싫어하는 어린이는 없으니까요. 신나게 놀다 보면 자연스럽게 컴퓨터 과학의 개념들이나 컴퓨터의 작동 원리를 배울 수 있게 됩니다. 그러니 소프트웨어 교육의 시작으로 이만한 활동도 없는 것이죠!

특히 요즘에는 다양한 코딩 보드 게임이 개발되면서 이 보드 게임을 활용한 언플러그드 활동에 대한 관심이 높습니다. 보드 게임을 하면서 코딩의 개념과 원리를 쉽게 익힐 수 있기 때문이지요. 신나게 보드 게임을 하면서 자연스럽게 컴퓨터 과학의 개념이나 컴퓨터의 작동 원리를 배울 수 있다니! 소프트웨어 교육의 시작으로 이만한 활동도 없는 것이죠!

2. 숨은 컴퓨팅 사고력을 키워주세요!

▶▶▶ 컴퓨팅 사고력이란 무엇일까요?

사람도 컴퓨터처럼 일을 잘 처리할 수 있을까요? 당연히 그럴 수 있죠! 문제를 효율적으로 해결하는 사고 능력만 있다면 말이죠. 이 사고 능력은 컴퓨터가 일을 처리하는 방식으로 컴퓨팅 사고력이라고 부릅니다. 즉, 컴퓨팅 사고력을 키울 수 있다면 우리도 컴퓨터처럼 일을 척척 해결할 수 있다는 이야기가 되겠죠?

3. 이것만은 주의해주세요!

▶▶▶ 놀이를 통해 자연스럽게 배우되 놀이만으로 끝나지 않게!

언플러그드 놀이는 '놀이'이기 때문에 당연히 우리 아이들은 놀이 그 자체에 집중하게 됩니다. 그 과정에서 자연스럽게 학습이 이루어지게 되지만, 실컷 놀이를 하고 나서 그대로 끝내게 되면, 놀이만 남고, 그 속에서 무엇을 학습하게 되었는지를 놓칠 수 있습니다. 따라서 신나게 놀고 난 후 어떤 점을 알게 되었는지, 놀이를 하면서 했던 생각이 어떤 사고 과정인지를 함께 이야기하는 과정이 필요합니다. 보드 게임 역시 마찬가지입니다. 재미있게 보드 게임을 하고 나서, 그대로 끝내는 것이 아니라 해당 보드 게임에서 이기기 위해 어떤 승리 전략을 사용하였는지, 그 속에 어떤 개념이나 원리가 숨어있는지를 찾아보도록 해주세요.

놀이가 놀이만으로 끝나지 않게, 의미를 가질 수 있게 해주세요.

▶▶▶ 시작부터 정리까지, 스스로 할 수 있게 도와주세요!

잘하지 못한다고 끼어들어서는 안 됩니다. 당연히 아직은 어린 친구들이기에 시행착오가 있을 수 있습니다. 그렇다고 그때마다 끼어들어 알려준다면 아이들은 놀이의 과정에서 충분히 생각할 수 없게 됩니다. 시행착오를 겪고 스스로 고쳐나가는 과정에서도 우리 아이들은 성장할 수 있습니다. 특히 보드 게임의 경우 친구들과 협의하여 규칙을 바꿔서 진행할 수도 있습니다. 또한 명확하지 않은 규칙의 경우 아이들 스스로 정의하여 게임을 이어나갈 수도 있지요. 정확한 규칙을 지켜 보드 게임을 해나가는 것도 중요하지만, 아이들 스스로 게임을 확장시키고, 만들어나가는 것이 아이들의 사고력을 키울 수 있는 더 큰 방법일 수 있습니다. 게임을 시작하고 마무리하기까지 모든 과정을 아이들이 스스로 할 수 있도록 도와주세요.

 차례

PART 01 컴퓨팅 사고력을 키우는 보드/카드형 언플러그드 놀이

01 스택버거 ··· 012
- 언플러그드 SW 놀이를 시작해요!
- 사고력 더하기

02 맛있는 코딩 ····································· 018
- 언플러그드 SW 놀이를 시작해요!
- 사고력 더하기

03 폭탄대소동 엔트리봇 ···················· 024
- 언플러그드 SW 놀이를 시작해요!
- 사고력 더하기
- Special page 블록 명령어로 조건을!

04 코드팡 ··· 030
- 언플러그드 SW 놀이를 시작해요!
- 사고력 더하기

05 캐치더도그 ·· **038**
- 언플러그드 SW 놀이를 시작해요!
- 사고력 더하기

06 코드레이서 ·· **044**
- 언플러그드 SW 놀이를 시작해요!
- 사고력 더하기

07 첸토 ·· **050**
- 언플러그드 SW 놀이를 시작해요!
- 사고력 더하기
- Special page 보드 게임, 직접 만들어 보세요!

 차례

PART 02 컴퓨팅 과학의 개념을 배우는
교과 연계형 언플러그드 놀이

01 프로그램이 되어! ······················· 062
- 언플러그드 SW 놀이를 시작해요!
- 사고력 더하기
- Special page 프로그램? 소프트웨어?

02 조건 줄넘기 ·························· 066
- 언플러그드 SW 놀이를 시작해요!
- 사고력 더하기
- Special page 신나는 림보 게임으로 관계 연산을 배워요!

03 과자 담기 대회 ······················ 070
- 언플러그드 SW 놀이를 시작해요!
- Special page 데이터 압축

04 해적선을 피해! ······················ 074
- 언플러그드 SW 놀이를 시작해요!
- 사고력 더하기
- Special page 좌표란 무엇인가요?

05 오류 찾기 마술 · 078
- 언플러그드 SW 놀이를 시작해요!
- Special page 패리티 비트에 대해

06 플립북 만들기 · 082
- 언플러그드 SW 놀이를 시작해요!
- 사고력 더하기
- Special page 초당 프레임의 비밀!

07 인터넷 도시 만들기 · · · · · · · · · · · · · · · · · · · 086
- 언플러그드 SW 놀이를 시작해요!
- Special page 인터넷, 넌 누구니?
- Special page 시대가 변하니 놀이도 변한다?! 인터넷 놀이에 대해 알아봅시다.

08 개인 정보 보안관이 되어! · · · · · · · · · · · · · · 090
- 언플러그드 SW 놀이를 시작해요!
- 사고력 더하기
- Special page 개인 정보 오남용 피해 방지를 위한 십계명

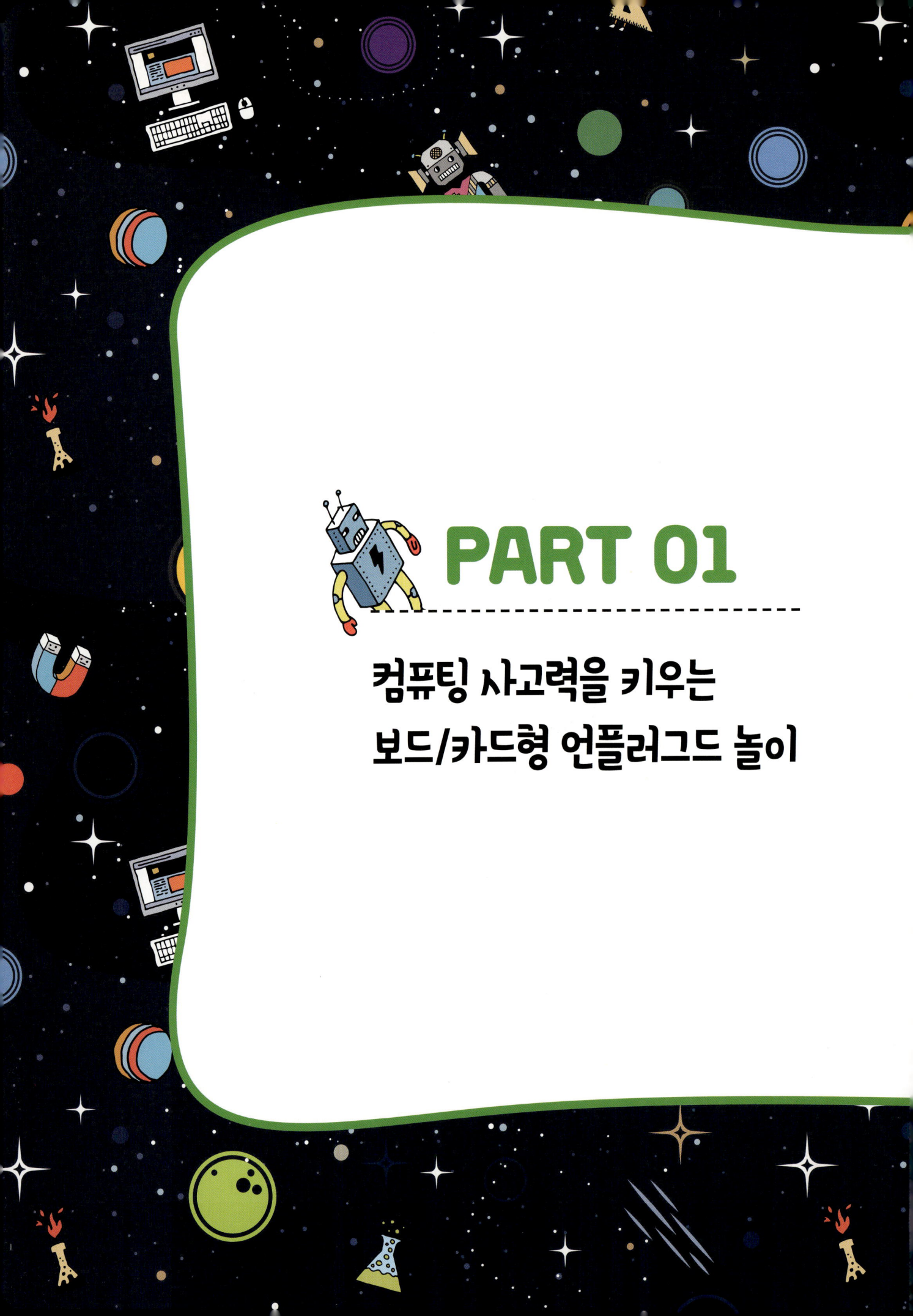

PART 01

컴퓨팅 사고력을 키우는
보드/카드형 언플러그드 놀이

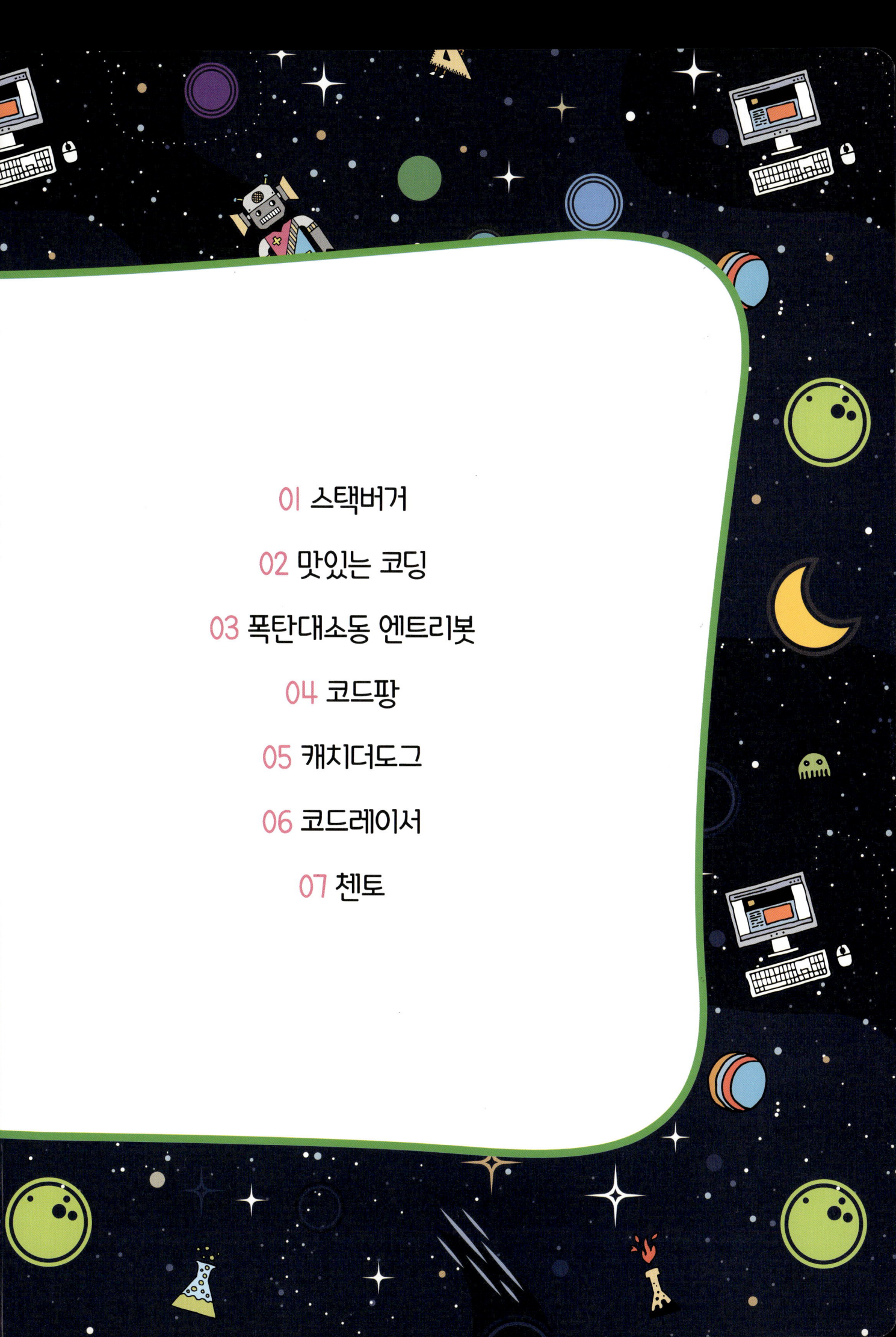

01 스택버거

02 맛있는 코딩

03 폭탄대소동 엔트리봇

04 코드팡

05 캐치더도그

06 코드레이서

07 첸토

SECTION 01

스택버거

햄버거를 만들어 먹어본 적이 있나요? 햄버거 만들기에 필요한 재료를 준비한 후 어떤 순서로 재료를 쌓아야 할지 스택버거 게임을 통해 알아 봅시다.

수업길잡이

난이도 ★☆☆☆☆
소요시간 15분
놀이인원 2~4인
준비물 스택버거

 소프트웨어 보드 놀이를 준비해요!

놀이 목표 스택버거 보드 놀이를 통해 순차에 대해 알기

놀이 약속 보드 놀이 후 정리 잘 하기

 학교에서 이렇게 배워요!

수업 활동 6학년 실과. 건강한 식생활의 실천

 이 놀이는

순차

카드형 보드 게임으로, 게임판 위에 뒤집어져 있는 카드를 가지고, 주어진 햄버거 모양을 완성하여 점수를 획득하고, 일정 시간까지 점수를 가장 많이 모으면 승리하는 게임입니다. 효과적으로 카드들의 순서를 배열하는 능력과 카드의 위치를 기억하기 위한 효율적인 전략 수립이 중요하게 작용합니다.

언플러그드 SW 놀이를 시작해요!

❶ 스택버거를 준비해요.

▲ 완성해야 할 햄버거 카드 3장 공개
재료 카드는 뒤집어서 놓기

❷ 햄버거 카드를 잘 섞어준 후, 3장을 꺼내 공개합니다. 재료 타일은 모두 섞은 다음, 테이블 위에 뒤집어 놓습니다.

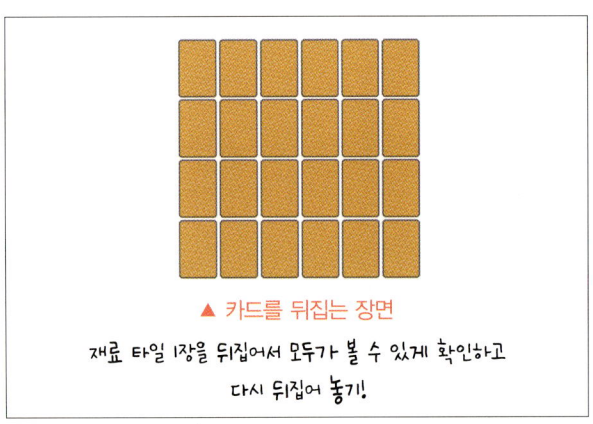

▲ 카드를 뒤집는 장면

재료 타일 1장을 뒤집어서 모두가 볼 수 있게 확인하고 다시 뒤집어 놓기!

❸ 자신의 차례에 재료 타일을 뒤집어 확인하거나, 햄버거 카드를 완성하는 2가지 행동 중 한 가지를 선택하여 할 수 있습니다.

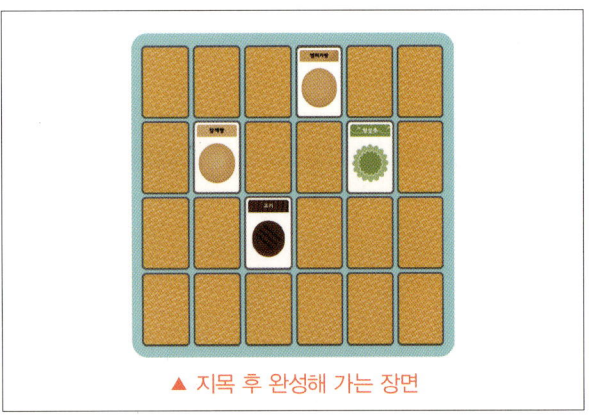

▲ 지목 후 완성해 가는 장면

❹ 자신의 차례에 햄버거 카드를 완성하려면, 완성하려는 햄버거 카드를 지목한 후, 햄버거 카드에 그려진 재료 중 가장 아래쪽에 위치한 재료부터 순서대로 카드를 뒤집어 확인합니다.

▲ 잘못한 경우

❺ 잘못된 재료를 뒤집은 경우, 플레이어는 차례를 다음 사람에게 넘기고, 앞면으로 뒤집은 모든 카드를 뒷면이 보이도록 뒤집어 놓아야 합니다. 다음 플레이어는 앞 사람이 실패한 카드에 재도전 할 수도, 재료 카드를 뒤집어 모르는 카드를 확인해 볼 수도 있습니다.

▲ 카드 및 승리 점수 획득 장면

❻ 모든 재료를 순서대로 잘 뒤집은 경우 해당 햄버거 카드 및 카드에 표시된 승리 점수를 획득합니다. 그리고 다른 햄버거 카드에 다시 도전하거나, 재료를 확인하는 행동을 본인이 원하는 대로 선택할 수 있습니다. 한 플레이어가 승점 15점 이상을 모으면 게임이 종료되고, 이때 가장 빨리 15점을 완성한 플레이어가 승리합니다.

 놀이 Tip

- 재료를 완성하는 것은 아래에서 위로 쌓아야 하나, 플레이어간 약속으로 방향을 위에서 아래로 쌓는 방식으로도 변경할 수 있습니다.
- 햄버거 카드를 완성한 플레이어가 햄버거 카드를 가져간 경우, 햄버거 카드를 1장 새로 꺼내어 3장을 만들어 줍니다.

사고력 더하기

❶ 첫 줄의 예시와 같이 산적 카드를 만들어 봅시다.

소고기 산적	떡 산적	돼지고기 산적
소고기	떡	맛살
파	소고기	파
소고기	떡	돼지고기
파	소고기	피망
소고기	떡	

❷ 다음 부록 14번처럼 여러분이 만든 산적 카드에 필요한 재료 카드를 만들어 봅시다. 만든 산적 카드와 재료 카드를 활용해 스택버거 게임의 규칙을 활용해 보드 게임을 해 보세요.

돼지고기		

SECTION 02 맛있는 코딩

조건을 이용한 맛있는 코딩 게임으로 나만의 맛있는 요리를 완성해 봅시다.

수업길잡이

- 난이도 ★★☆☆☆
- 소요시간 20분 이상
- 놀이인원 2~4인용
- 준비물 맛있는 코딩

 소프트웨어 보드 놀이를 준비해요!

놀이 목표 맛있는 코딩 놀이를 조건에 대해 알기

놀이 약속 보드 놀이 후 정리 잘 하기

 학교에서 이렇게 배워요!

수업 활동 5학년 실과. 나의 균형 잡힌 식생활

이 놀이는

조건/선택 — 재료 타일을 이용하여 재료 카드나 요리사 카드를 구입하고, 최종적으로 두 카드를 이용해 음식 카드를 구입하여 음식 카드에 있는 별을 3개 이상 모으는 사람이 이기는 게임입니다. 음식을 완성하기 위해 필요한 조건인 카드들을 잘 모아 보세요.

언플러그드 SW 놀이를 시작해요!

❶ 맛있는 코딩을 준비해요.

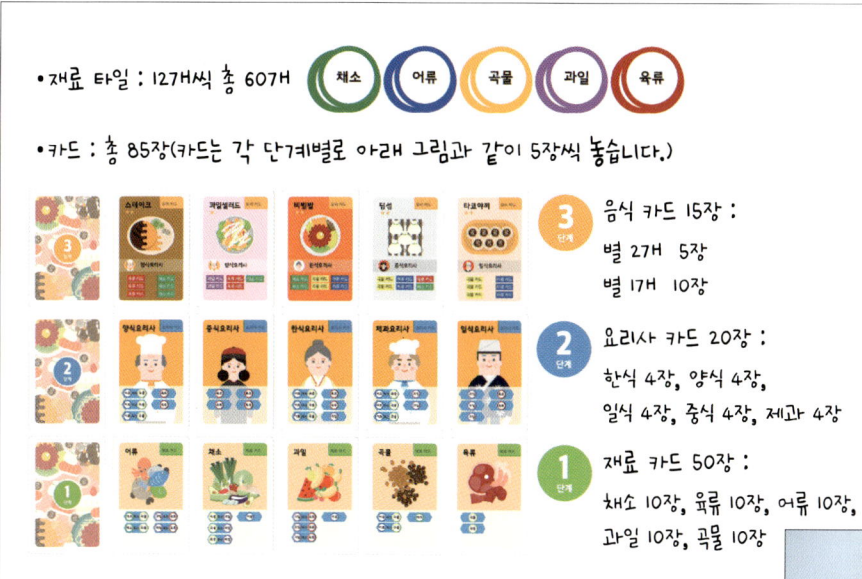

❷ 각 단계별로 카드를 위 그림과 같이 놓습니다(1단계 재료 카드, 2단계 요리사 카드, 3단계 음식 카드).

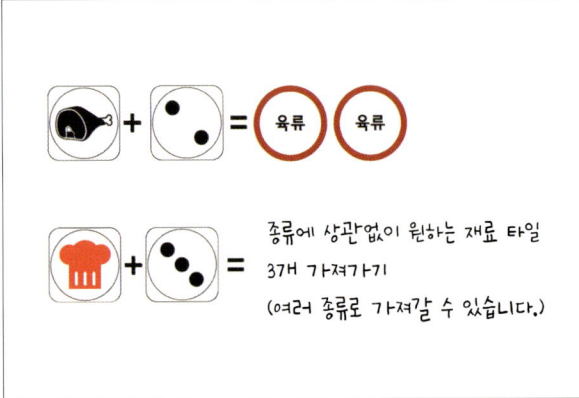 

❸ 자기 차례가 되면 플레이어는 3가지 중 한 가지 행동을 합니다.
 – 주사위를 굴려서 재료 가져오기 : 재료 주사위와 숫자 주사위를 던져서 나온 수만큼 해당 재료 타일을 가져올 수 있습니다. 빨간색 빵 모양의 주사위가 나오면 종류에 상관없이 원하는 재료 타일을 3개 가져올 수 있습니다.
 – 재료 카드나 요리사 카드 가져오기
 – 음식 카드 가져오기

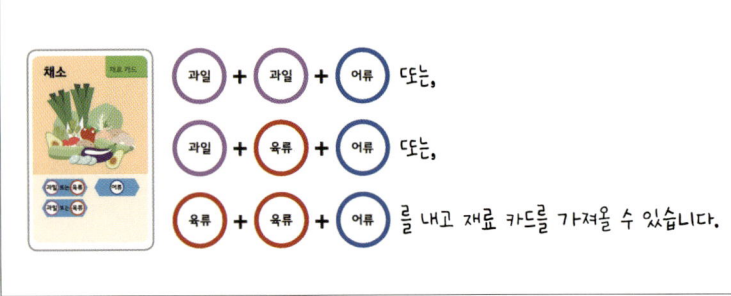

❹ 자기 차례가 되면 플레이어는 3가지 중 한 가지 행동을 합니다.
 – 주사위를 굴려서 재료 가져오기
 – 재료 카드나 요리사 카드 가져오기 : 재료 카드나 요리사 카드에 표시된 만큼의 재료 타일을 모았다면 해당하는 재료타일을 내고 재료 카드나 요리사 카드를 가져올 수 있습니다.
 – 음식 카드 가져오기

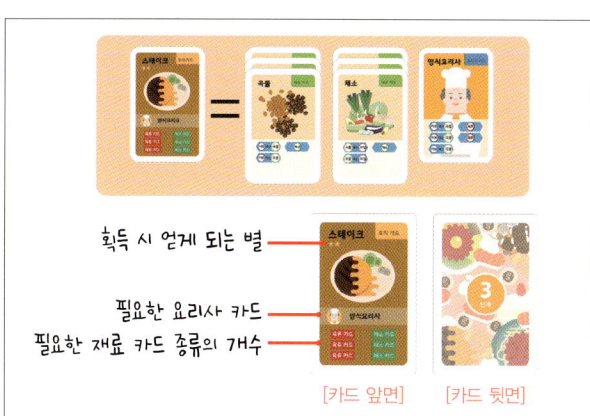

❺ 자기 차례가 되면 플레이어는 3가지 중 한 가지 행동을 합니다.
- 주사위를 굴려서 재료 가져오기
- 재료 카드나 요리사 카드 가져오기
- **음식 카드 가져오기** : 자신이 획득한 요리사 카드와 재료 타일로 구입할 수 있습니다. 해당 음식 카드를 획득하면 카드에 표시된 별을 얻을 수 있습니다.

❻ 마지막 플레이어까지 차례를 진행한 후 별을 많이 가지고 있는 플레이어가 승리합니다.

 놀이 Tip

- 테이블에 펼쳐놓은 재료, 요리사, 음식 카드를 누군가가 구입하면 바로 같은 단계의 카드를 그 자리에 새로 펼칩니다.
- 게임이 진행되는 중에는 단계별로 카드가 항상 5장을 유지해야 합니다. 단, 해당 단계의 카드 더미가 다 떨어진 경우 그냥 빈자리로 놔둡니다.
- 플레이어는 이미 구입한 재료 카드가 제공하는 할인에 따라 새 카드를 구매할 때 할인을 받습니다. 충분한 재료 카드를 가지고 있다면 다른 카드 구입 시 어떠한 타일도 내지 않고 재료 카드나 요리사 카드를 가져올 수 있습니다.

여기서 잠깐! 재료 카드 할인이란?

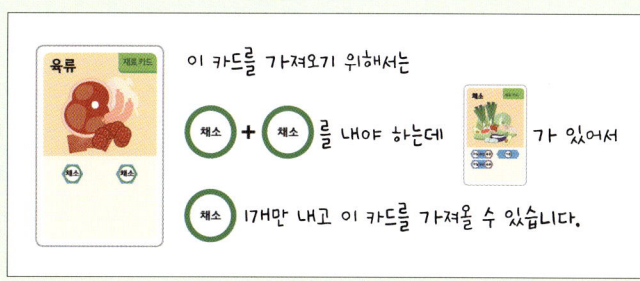

사고력 더하기

※ 맛있는 코딩 카드 속 조건 살펴봅시다. 다음 카드를 얻기 위해서 어떤 조건을 만족해야 하나요?

스테이크 요리카드 (양식요리사 / 육류카드 육류카드 육류카드 / 채소카드 채소카드 채소카드)	스테이크 요리 카드를 얻기 위해서는 ☐ 요리사 카드 그리고 ☐ 카드 ☐ 장 그리고 ☐ 카드 ☐ 장이 필요합니다.
비빔밥 요리카드 (한식요리사 / 채소카드 곡물카드 어류카드 / 채소카드 곡물카드 어류카드)	비빔밥 요리 카드를 얻기 위해서는 ☐ 요리사 카드 그리고 ☐ 카드 ☐ 장 그리고 ☐ 카드 ☐ 장 그리고 ☐ 카드 ☐ 장이 필요합니다.
딤섬 요리카드 (중식요리사 / 곡물카드 어류카드 육류카드 / 곡물카드 어류카드 채소카드)	딤섬 요리 카드를 얻기 위해서는 ☐ 요리사 카드 그리고 ☐ 카드 ☐ 장 그리고 ☐ 카드 ☐ 장 그리고 ☐ 카드 그리고 ☐ 카드가 각각 1장씩 필요합니다.

SECTION 03
폭탄대소동 엔트리봇

폭탄 해체에 도전해 봅시다. 폭탄대소동 엔트리봇 게임은 각 폭탄 카드의 능력, 조건에 따라 각 카드들이 재배치되는 과정에서 순차, 반복, 조건과 같은 원리를 익힐 수 있습니다.

수업길잡이

난이도 ★★☆☆☆
소요시간 20분
놀이인원 2~4인
준비물 폭탄대소동 엔트리봇

 소프트웨어 보드 놀이를 준비해요!

놀이 목표 폭탄대소동 엔트리봇 놀이를 통해 순차, 반복, 조건에 대해 알기

놀이 약속 보드 놀이 후 정리 잘 하기

 학교에서 이렇게 배워요!

수업 활동 1학년 수학. 수의 순서 알기

 이 놀이는

조건/선택

카드형 보드 게임으로, 자신의 차례에 카드를 내려놓고, 내려놓는 카드의 능력에 따라 각 카드들의 위치가 재배열되면서 성공카드 란에 제일 많이 자기 카드를 보낸 사람이 이기는 게임입니다. 카드가 가진 능력, 조건을 전략적으로 잘 활용해야 승리할 수 있습니다.

언플러그드 SW 놀이를 시작해요!

❶ 폭탄대소동 엔트리봇을 준비해요.

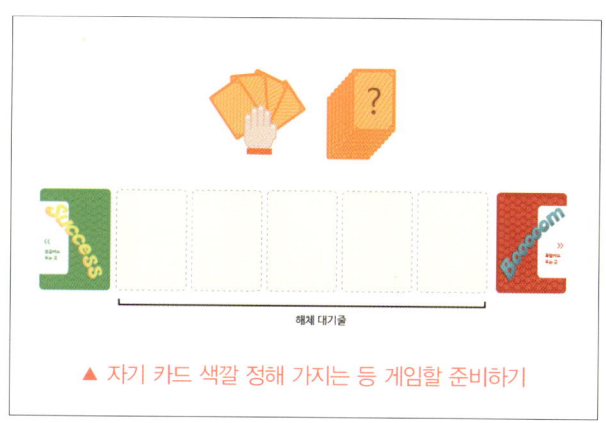

▲ 자기 카드 색깔 정해 가지는 등 게임할 준비하기

❷ 자기 색깔 카드를 정한 뒤 잘 섞은 다음 4장을 먼저 손에 가집니다. 나머지는 뒤집어 자기 앞에 놓습니다. 성공카드와 폭발카드는 가운데 적당한 간격(5장 카드가 들어갈 공간만큼)을 띄워 놓습니다.

PART1 컴퓨팅 사고력을 키우는 보드/카드형 언플러그드 놀이 ✿ 25

▲ 순서대로 돌아가며 카드 내려놓기

▲ 자기 카드 색깔 정해 가지는 등 게임할 준비하기

❸ 자신의 차례가 오면 성공카드 쪽에서부터 한 장씩 카드를 내려놓습니다. 내려놓는 카드의 능력에 따라 카드의 위치를 재배열합니다.

▲ 5장의 카드가 다 내려놓아진 상황

▲ 성공카드 쪽 2장은 성공카드 쪽에, 폭발카드 쪽에 있던 1장은 폭발카드 쪽에 놓이고, 남은 2장의 카드는 다시 해체 대기줄 1, 2번에 위치하게 됨

❹ 5장의 카드가 모두 해체 대기줄에 다 차면 성공카드 쪽 2장은 성공카드에 놓이게 됩니다. 즉 폭탄해체에 성공한 경우입니다. 제일 끝, 즉 폭발카드 쪽 1장은 폭발카드에 놓이게 됩니다. 폭탄해체에 실패하여 터진 경우가 됩니다. 해체 대기줄에 남은 2장의 카드는 다시 해체 대기줄 1, 2순위로 위치하며 게임을 계속 이어갑니다.

❺ 가지고 있는 카드를 모두 다 내려놓으면 게임은 끝이 납니다. 성공카드에 가장 많은 카드를 보낸 사람이 게임의 승자가 됩니다.

- 카드 능력 중 반복하는 능력을 가진 경우, 해체가 되거나 해체 실패가 되어 나갈 때까지 해당 능력이 매 턴마다 반복됩니다. 즉, 다음 순서의 플레이어가 카드를 내려놓고, 해당 카드의 능력을 수행한 뒤, 바닥에 있던 반복 능력의 카드가 다시 그 능력을 반복하여 수행합니다.

사고력 더하기

※ 다음 카드들의 능력을 살펴보고, 빈칸에 들어갈 알맞은 낱말을 찾아 쓰세요. 나만의 능력 카드를 만들어 봅시다.

카드 종류	능력	나만의 능력 카드
	앞으로 한 칸 이동하기와 같은 카드 2장이면 모든 카드 폭발을 **매 턴마다** [　　] 해서 실행하는 능력을 가지고 있습니다.	
	만약 앞 카드들이 모두 4보다 크다면 ([　　]을 만족할 때) 모두 뛰어넘을 수 있는 능력을 가지고 있습니다.	
	맨 앞으로 이동합니다. 그리고 **만약** 앞에 배치된 카드 중에 2번 카드가 있다면, ([　　]을 만족할 때) 그 뒤로 이동합니다.	

SPECIAL PAGE

블록 명령어로 조건을?!

'엔트리'를 들어본 적이 있나요? 엔트리는 직접 명령 블록을 조립하여 프로그램을 만들 수 있는 교육용 프로그래밍 언어입니다. 그런데 폭탄대소동 엔트리봇 카드 속 명령 블록들을 살펴보면 엔트리의 명령 블록과 닮아 있습니다.

다음 그림에 보이는 폭탄대소동 엔트리봇 카드는 '만약 앞의 카드들의 색이 다르다면(조건)' 모두 뛰어넘도록 명령을 내리고 있죠. 이와 비슷하게 엔트리 프로그램을 살펴보면, '오른쪽 화살표 키가 눌러져 있을 때(조건)' x좌표를 10만큼 바꾸도록 명령을 내리고 있습니다.

폭탄대소동 엔트리봇 카드 게임을 열심히 하다보면 나중에 엔트리로 프로그램을 만들 때도 손쉽게 할 수 있지 않을까요?

SECTION 04

코드팡

같은 도형을 가로, 세로 방향으로 3개 이상 정렬이 되는 '팡'을 만드는 코드팡 게임을 해 봅시다.

수업길잡이

난이도 ★★★☆☆
소요시간 20분
놀이인원 최소 2인 이상
준비물 코드팡

 소프트웨어 보드 놀이를 준비해요!

놀이 목표 코드팡 놀이를 통해 순차, 조건과 선택에 대해 알기
놀이 약속 보드 놀이 후 정리 잘 하기

 학교에서 이렇게 배워요!

수업 활동 2학년 수학. 규칙 찾기

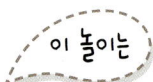 이 놀이는

조건/선택

명령 카드를 원하는 순서대로 배치한 후 명령 카드에 나와 있는 명령에 따라 행성 타일을 움직여 같은 행성이 가로, 세로 방향으로 3개 이상 정렬이 될 경우 점수를 획득하는 게임입니다. 같은 도형이 가로, 세로 방향으로 3개 연속으로 배열되려면 어떻게 해야 할지 전략을 세워보세요.

30 ✿ 언플러그드 놀이 보드 게임

언플러그드 SW 놀이를 시작해요!

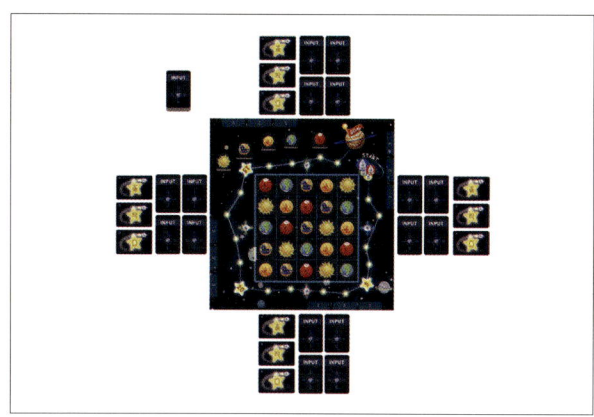

❶ 코드팡 게임을 준비해요.
- 각자 수정 구슬 카드 1세트와 명령 카드 4장씩을 받고, 보드판의 격자에 행성 타일들을 연속되지 않게 배치합니다. 그리고 먼저 할 사람을 정한 후 시계 방향으로 차례를 진행합니다.

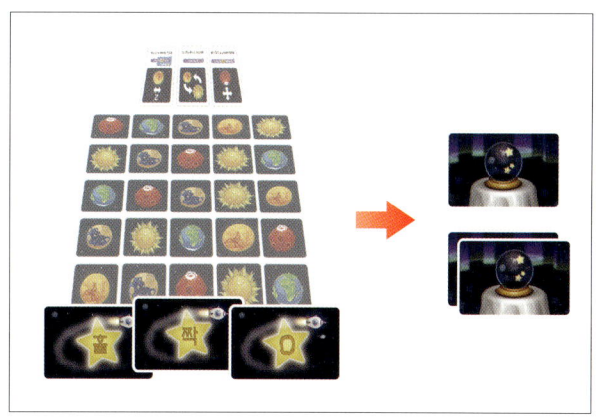

❷ 차례인 사람이 4장의 명령 카드로 행성 타일의 이동을 상상하고, 3장의 명령 카드만 명령 실행 칸에 배치합니다.

예시 명령 카드는 내려놓은 순서대로 왼쪽부터 배치하고, 순서대로 행성 타일의 위치를 바꿔야 합니다.

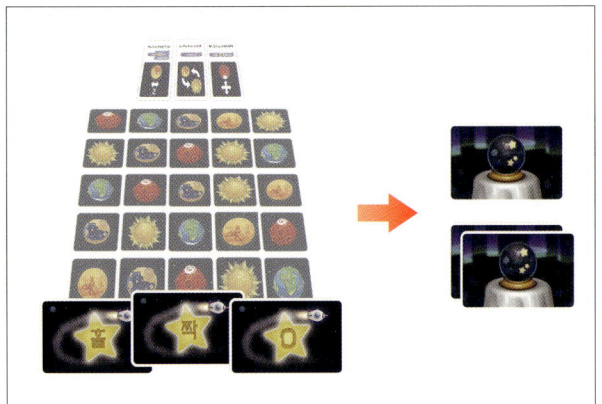

❸ 명령 실행 칸에 카드가 배치되면, 다른 사람들은 배치된 카드들을 보고 득점할지 예상을 한 후 수정 구슬 카드 3장 중 1장을 결정해 내려놓습니다.

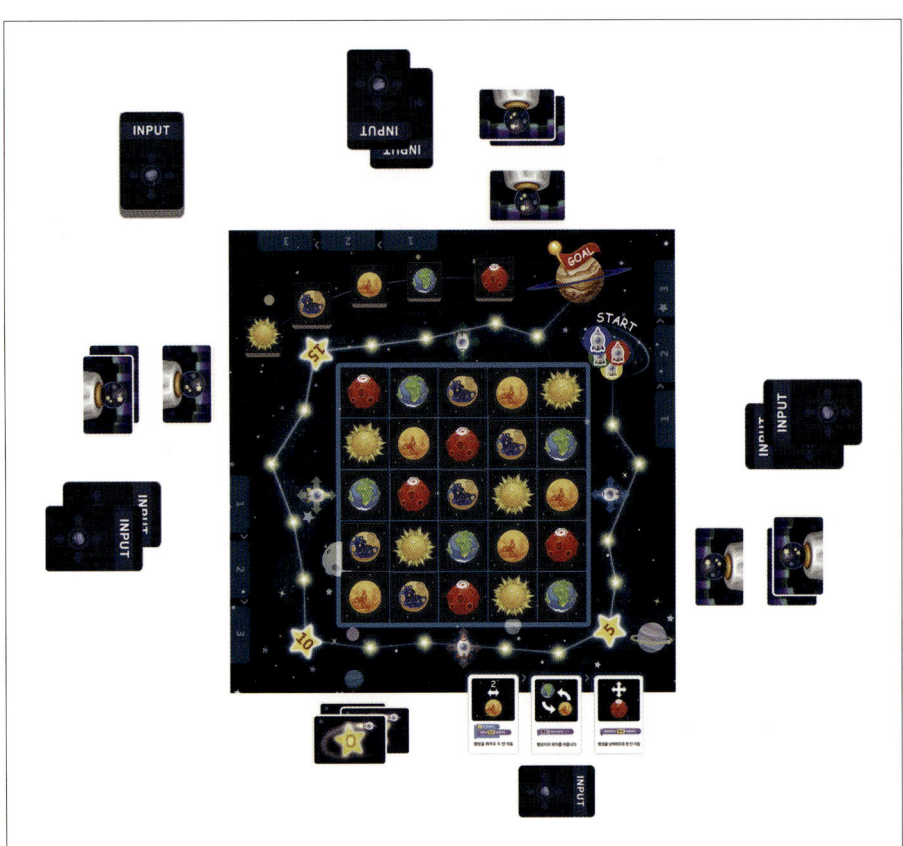

❹ 다른 사람들이 수정 구슬 카드를 모두 결정하면 차례인 사람은 명령 실행 칸에 있는 3장의 명령 카드를 왼쪽부터 순서대로 실행합니다.

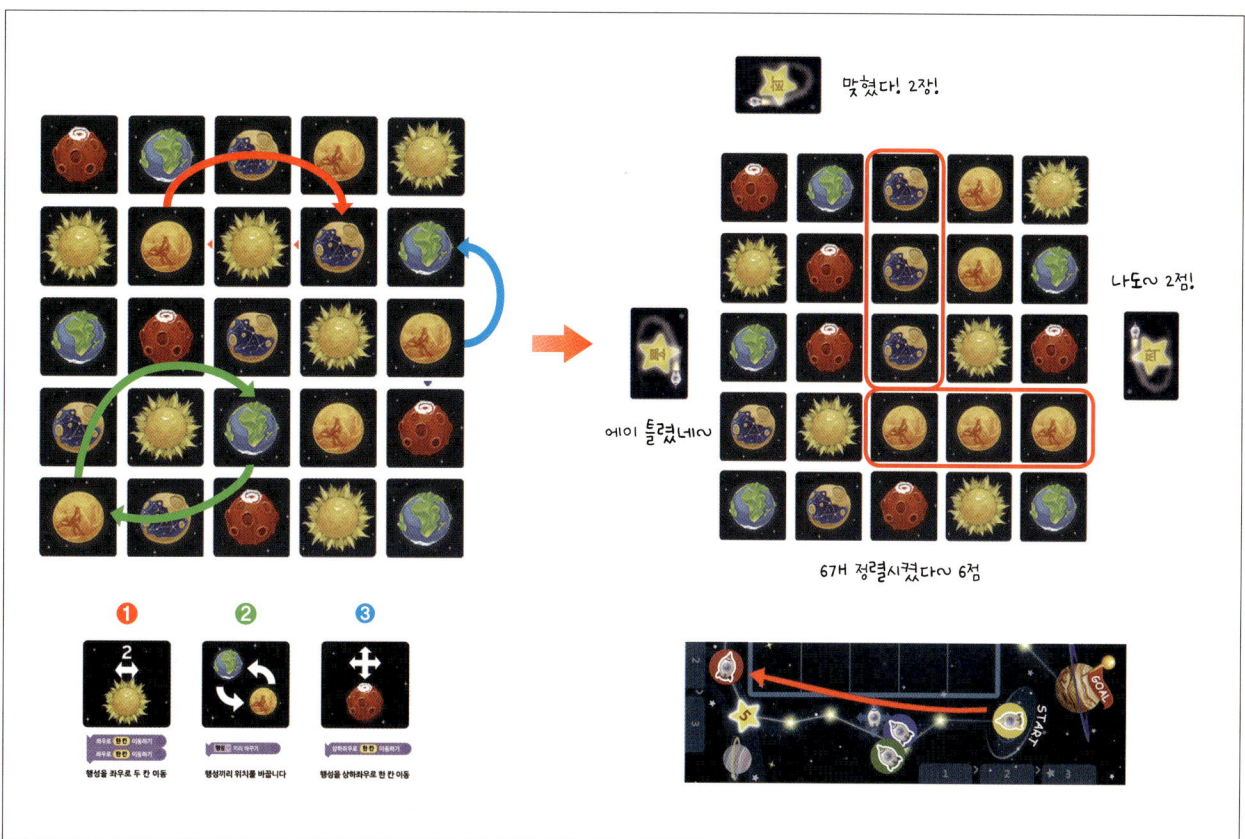

⑤ 1번 명령 카드부터 3번 명령 카드까지 행성 타일을 이동시키며 실행시킵니다. 실행이 끝나면 점수를 획득하고, 다른 사람들도 결정한 수정 구슬 카드에 따라 점수를 획득합니다.

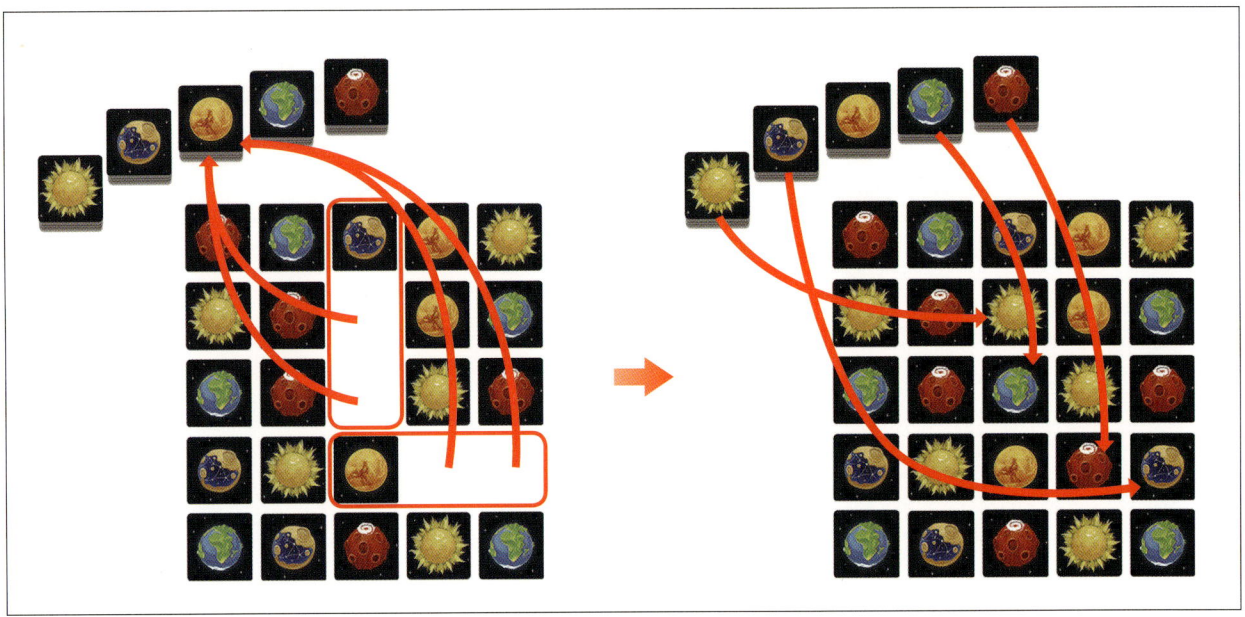

❻ 팡이 된 행성 타일 중 1개만 남기고 타일 보관 칸에 모두 돌려놓습니다. 그런 후 상하좌우로 같은 행성이 연결되지 않게 새로운 타일을 가져와 놓습니다.

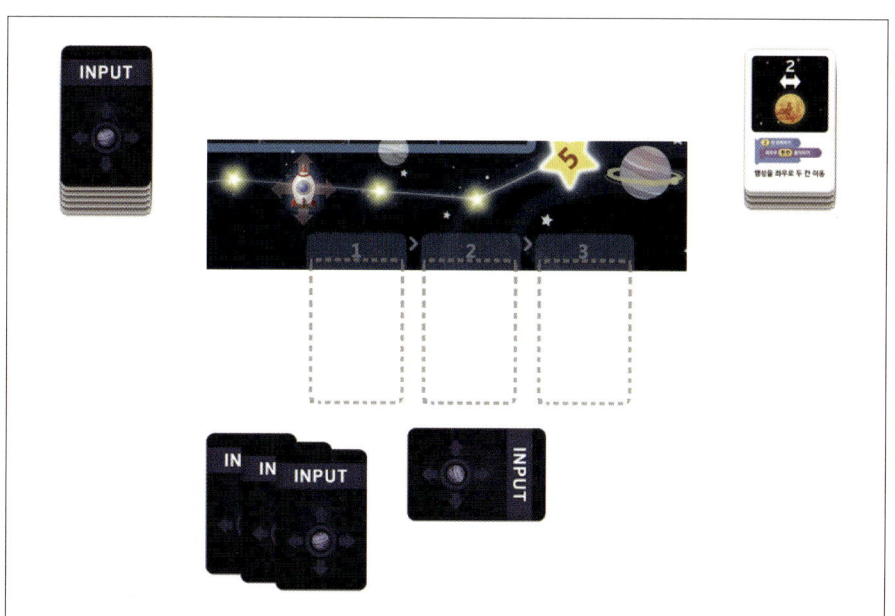

❼ 사용한 명령 카드들은 모두 한 곳에 버리고 다음 차례를 위해 새로운 명령 카드 3장을 보충합니다. 이렇게 정리한 후 차례를 마칩니다. 목표 지점인 Goal에 먼저 도착하거나 일정 시간동안 별을 가장 많이 지난 사람이 승리합니다.

- 점수 계산 방법은 다음과 같습니다.

  1) 같은 행성이 3개 이상 연결되면 연결된 행성 수만큼 점수를 획득합니다.

  3점 + 3점 = 6점　　　　　　3점　　　　　　3점 + 5점 = 8점

  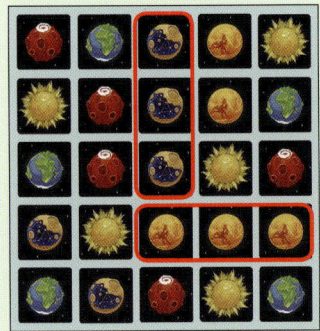 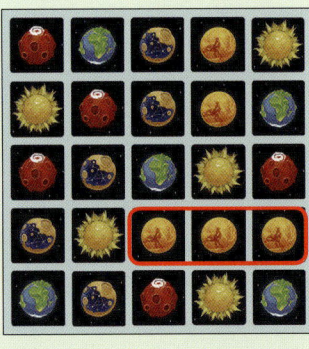 

  2) 팡과 팡이 같은 행성으로 연결되었다면 연결 부위에 추가 점수를 획득할 수 있습니다.

  3점 + 4점 + 1점 = 8점　　　3점 + 3점 + 3점 + 2점 = 11점

  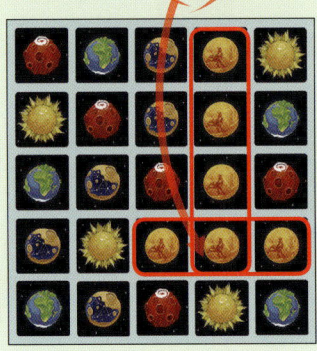 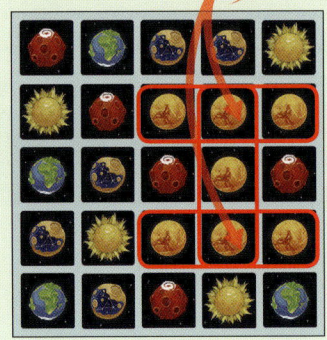

사고력 더하기

※ O 또는 X를 가로, 세로, 또는 대각선으로 먼저 3개 또는 5개 놓는 사람이 이기는 게임입니다. 친구와 함께 해보세요.

SECTION 05

캐치더도그

명령 카드를 사용해 내 말들을 움직여 상대편 엔트리봇 강아지를 잡아 봅시다.

난이도 ★★☆☆☆
소요시간 20분 이상
놀이인원 2~4인용
준비물 캐치더도그, 명령 카드(부록 1)

 소프트웨어 보드 놀이를 준비해요!

놀이 목표 캐치더도그 놀이를 통해 순차, 반복, 조건에 대해 알기

놀이 약속 보드 놀이 후 정리 잘 하기

 학교에서 이렇게 배워요!

수업 활동 6학년 수학. 여러 가지 문제

 **알고리즘**

교육용 프로그래밍 언어 중 하나인 엔트리의 명령 블록을 활용한 보드 게임으로, 상대편의 엔트리봇 강아지를 먼저 잡는 사람이 이기는 게임입니다. 내 말들을 움직일 수 있는 명령 블록을 전략적으로 잘 활용해야 승리할 수 있습니다.

언플러그드 SW 놀이를 시작해요!

❶ 캐치더도그 보드 게임을 준비해요. 캐릭터 말을 정해진 위치에 상대편을 바라보도록 놓고, 함정 말을 각자 5개씩 보드판 위에 배치합니다.

❷ 명령 카드 더미 속에서 임의로 카드 4장을 가져옵니다. 자기 차례(매번 자기 턴마다 4장씩)가 되면 움직이고 싶은 캐릭터가 있는 플레이 보드판 위에 명령 카드를 올립니다. 한 턴에 최소한 1장 이상의 카드를 사용해야 합니다.

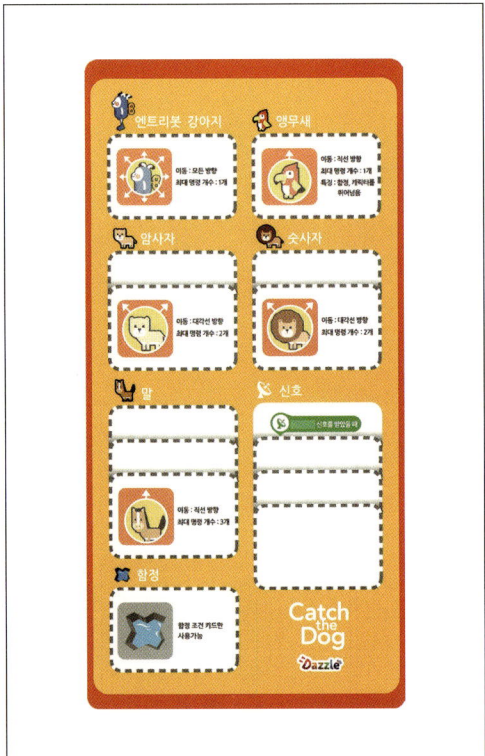

❸ 캐릭터마다 놓을 수 있는 카드의 수가 정해져 있습니다. 신호란은 미리 카드를 등록해두고, 신호 보내기 카드가 나오면 그때마다 사용할 수 있습니다.

	앵무새	– 가로, 세로 중 진행 방향으로 이동한다. – 함정과 캐릭터를 뛰어 넘을 수 있다. (단, 함정과 캐릭터 위에 머무를 수 없다.)	1장
	말	– 가로, 세로 중 진행 방향으로 이동한다.	3장
	함정	– 조건 카드 중에 "캐릭터=함정"에 나왔을 경우에 이동이 가능하다.	1장

④ 캐릭터마다 이동할 수 있는 방향이 정해져 있으며 상대방의 말을 통과해서 지나갈 수 없습니다. 다만, 앵무새 캐릭터의 경우 함정과 캐릭터를 뛰어넘을 수 있는 특징을 가지고 있습니다.

⑤ 카드 배치가 끝나면 실행을 외치고 해당 말을 명령 카드대로 움직입니다. 손에 남은 카드는 버리고 실행이 끝난 명령 카드 역시 버립니다. 명령 카드 더미 속 카드를 다 사용했다면 버린 카드들을 다시 모아 더미를 만들어 줍니다.

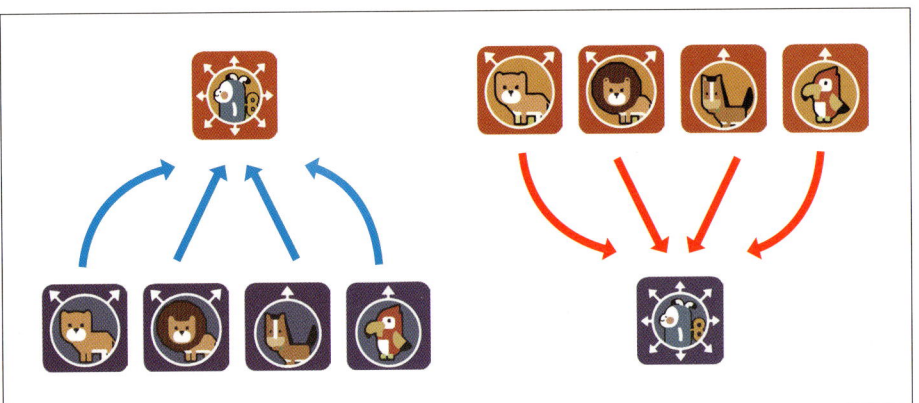

6 상대편 엔트리봇 강아지를 잡으면 승리합니다. 다른 캐릭터 말은 잡을 수 없습니다.

예시 엔트리봇 강아지 역시 다른 캐릭터 말을 잡을 수는 없고, 잡히지 않도록 피해야 합니다.

- 함정을 배치할 때 규칙이 있습니다. 캐릭터 바로 앞에 함정을 놓을 수는 없습니다. 또한 함정끼리 가로, 세로로 붙여서 놓을 수 없습니다. 다만 대각선은 가능합니다.

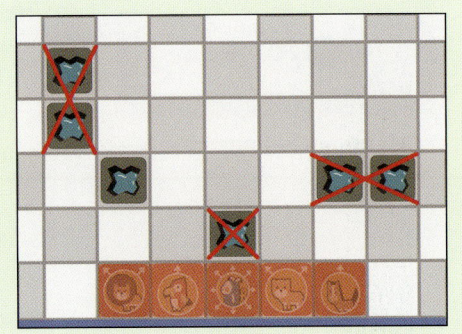

사고력 더하기

※ 부록 1번의 명령 카드를 이용해 신호 보내기 카드가 나올 때마다 사용할 나만의 신호를 만들어 봅시다. 어떤 카드로 배열하여 일련의 동작들이 실행되게 하고 싶은지 잘 생각해 봅시다.

SECTION 06

코드레이서

원하는 순위에 내가 응원하는 자동차를 배치하는 코드레이서 게임을 해 봅시다.

수업길잡이

난이도 ★★★☆☆
소요시간 20분 이상
놀이인원 2~4인용
준비물 코드레이서

 소프트웨어 보드 놀이를 준비해요!

놀이 목표 코드레이서 놀이를 통해 알고리즘에 대해 알기

놀이 약속 보드 놀이 후 정리 잘 하기

 학교에서 이렇게 배워요!

수업 활동 5학년 수학. 자료의 표현

 이 놀이는

알고리즘

라운드별로 내가 응원하는 자동차의 최종 등수를 맞추고 모든 라운드가 끝나면 올려놓은 라운드란의 토큰 개수가 가장 많은 사람이 이기는 게임입니다. 상대방의 목표에 따라서 또는 내가 원하지 않는 다양한 변수에 의해서 조건이 제한될 때 어떻게 문제를 해결하는 것이 효율적인지 고민하는 과정에서 절차적 사고를 키울 수 있습니다.

언플러그드 SW 놀이를 시작해요!

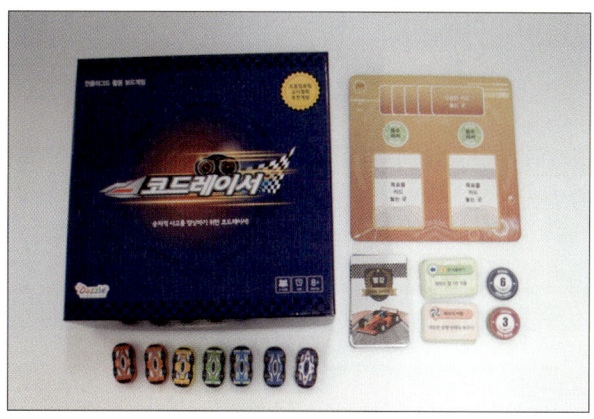

❶ 코드레이서 게임을 준비합니다.
  - 이동 카드 5장과 특수 카드 2장을 나누어 가집니다.
  - 판 위에 목표 자동차를 순서대로 놓고, 등수칩과 개인판을 색상 별로 나누어 가집니다.
  - 선두칩을 자동차 앞에 두고 목표 카드를 보이지 않게 2장씩 골라 개인판 위에 올립니다.
  - 자동차가 최종 도착할 순위를 나타낼 등수칩 2개를 개인 카드 등수마커 위에 올립니다.
   (1수준) 1등과 7등을 정해 놓습니다. (2수준) 목표 카드의 등수를 각자 정합니다.

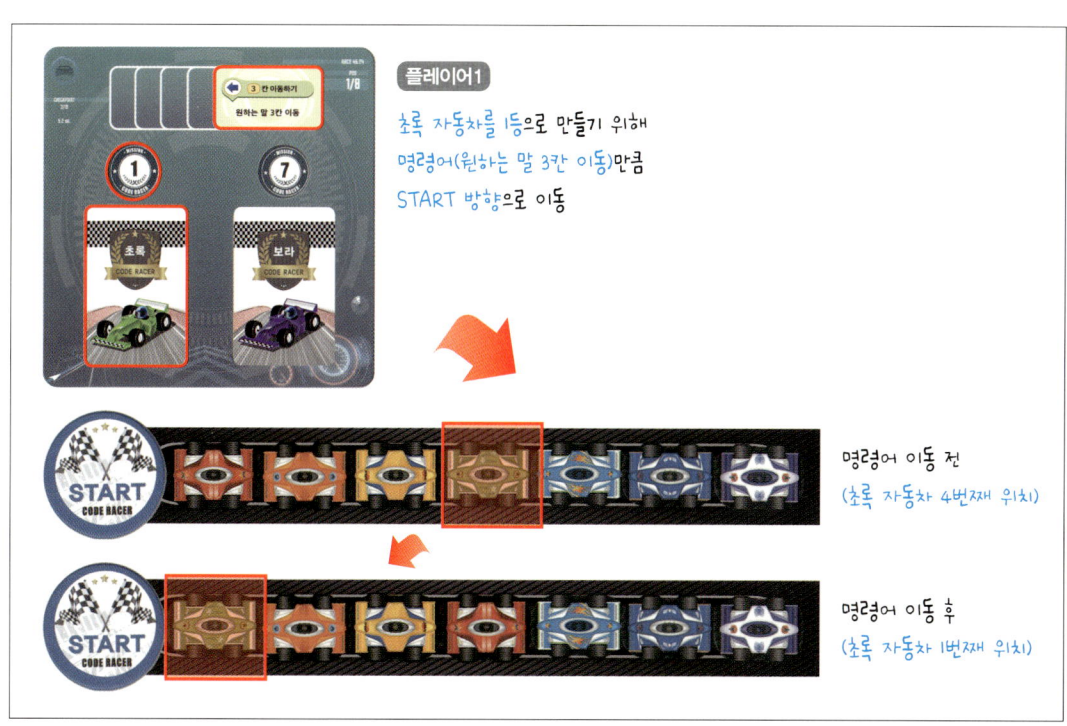

❷ 플레이어 1부터 나눠 받은 7장의 카드 중 1장을 판 위에 올려놓고 실행합니다.

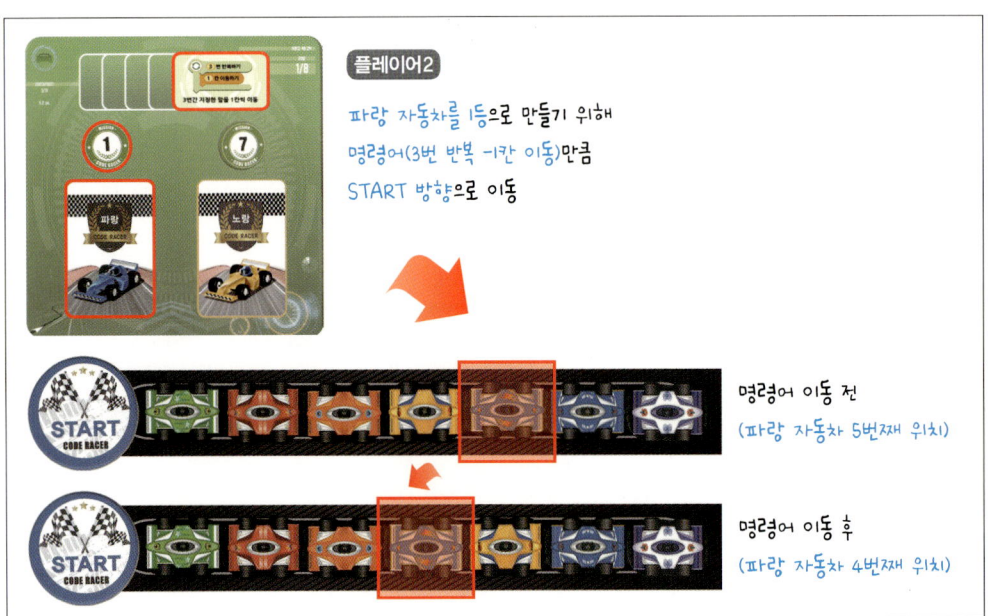

❸ 자동차 이동이 끝나면 다음 사람이 플레이합니다.

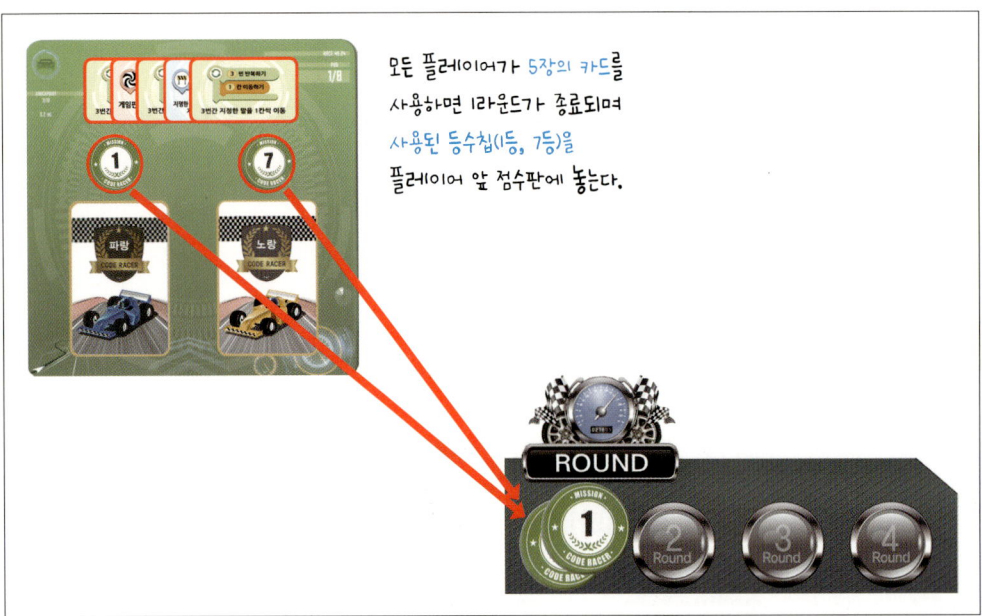

❹ 모든 플레이어가 5장의 카드를 사용하면 한 라운드가 끝납니다. 라운드가 끝난 후 맞춘 등수칩을 점수판 위에 놓습니다.

❺ 라운드별로 내가 응원하는 자동차의 최종 등수를 맞추고, 모든 라운드가 끝나면 올려놓은 라운드란의 맞춘 토큰의 개수가 가장 많은 사람이 승리합니다.

❻ 특수 카드를 적절하게 사용해 승률을 높여 보세요.

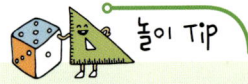 놀이 Tip

- 자신의 목표 카드와 등수칩을 보여주거나 숨기는 것은 플레이어 마음입니다.
- 선두칩이 있는 곳의 자동차가 1등이 됩니다.
- 회오리 바람 특수 카드를 사용하여 선두칩이 바뀌면 1등이 7등이 됩니다.
- 반복하기 카드는 한 번에 이동하지 않고 내 차례가 끝나고 다음 사람이 진행한 후 전에 움직였던 자동차를 다시 움직입니다.

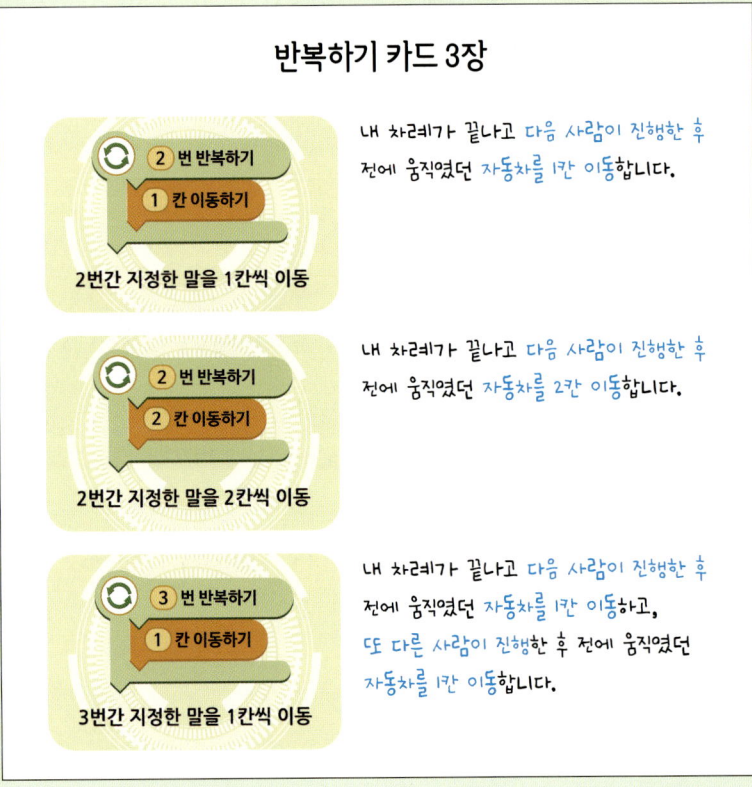

- 반복하기로 인해 앞으로 1칸 이동하는데 이미 맨 앞에 있다면 반대 방향으로 1칸 이동합니다.
- 라운드가 종료된 후 맞춘 등수칩은 라운드 칸에 올려두는데 나중에 라운드에 올려진 등수칩의 개수가 최종 점수가 됩니다.

사고력 더하기

※ 코드레이서에는 재미있는 특수 카드들이 있습니다. 게임을 보다 재미있게 하기 위해 어떤 특수 카드가 있으면 좋을까요? 나만의 특수 카드를 만들어 보세요.

SECTION 07 첸토

첸토, 첸토 비트윈, 첸토 스위치 등 원하는 대로 골라서 즐길 수 있는 숫자 카드를 이용한 카드형 보드 게임을 해 봅시다.

수업길잡이

- 난이도 ★★★☆☆
- 소요시간 20분 이상
- 놀이인원 2~4인용
- 준비물 첸토 또는 숫자 카드(부록 2, 3, 4, 5)

 소프트웨어 보드 놀이를 준비해요!

놀이 목표 첸토를 통해 순차와 정렬에 대해 알기

놀이 약속 보드 놀이 후 정리 잘 하기

 학교에서 이렇게 배워요!

수업 활동 1학년 수학. 100까지의 수

 이 놀이는

정렬

이 놀이는 순차적 사고를 이용한 카드형 보드 게임입니다. 1부터 100까지의 숫자 카드를 이용해서 총 3가지 방법으로 놀이를 즐길 수 있습니다. 여기서는 순차의 원리를 배우는 기본형인 첸토와 정렬의 원리를 익힐 수 있는 첸토 스위치를 해 봅시다.

언플러그드 SW 놀이를 시작해요!

❶ 숫자 카드를 잘 섞어줍니다. 보드가 없다면 부록에 있는 숫자 카드를 오려서 사용해도 좋습니다.

❷ 각 플레이어에게 10장씩 카드를 나눠줍니다. 남은 카드를 사용하지 않으며 한쪽에 숫자가 보이도록 더미를 만들어 놓습니다. 그리고 카드를 받은 각 플레이어는 10장의 카드 중 가장 작은 숫자 카드를 왼쪽으로, 가장 큰 숫자 카드를 오른쪽으로 정리하여 손에 듭니다.

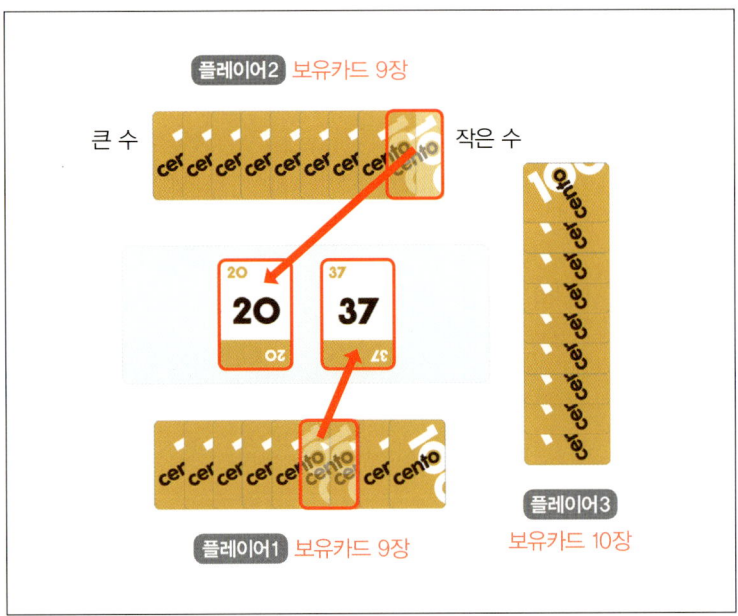 

❸ 플레이어1 차례가 되면 자기 왼쪽에 앉아있는 플레이어의 카드 1장을 뽑아 테이블에 공개합니다. 그리고 자기가 든 카드 중 1장을 선택하여 테이블에 공개합니다.

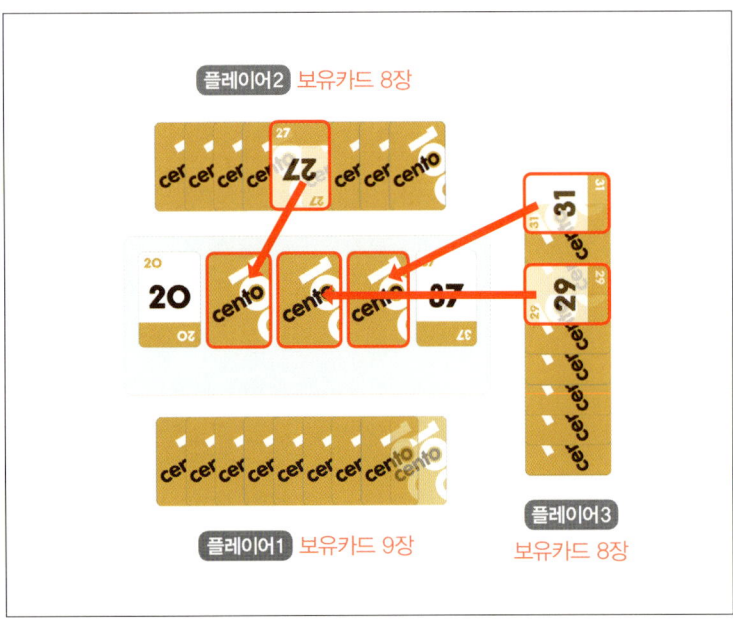 

❹ 다음 플레이어는 현재 테이블에 공개된 두 카드 사이에 해당하는 숫자 카드를 가지고 있다면 모두 버릴 수 있습니다. 단, 카드 숫자가 보이지 않도록 뒤집어서 버립니다.

❺ 자기 손에 있는 카드를 모두 버렸다면 게임에서 빠지며 승리자가 됩니다. 나머지 플레이어 역시 카드를 모두 버릴 때까지 게임을 진행합니다.

사고력 더하기

※ 임의로 받은 10장의 카드를 교환을 통해 순서에 맞게 정렬하는 첸토 스위치를 해 봅시다.

❶ 인원수에 따라 카드를 준비합니다. 3명은 1~50까지, 4명은 1~70까지, 5명 이상은 1~100까지 사용합니다.

❷ 모든 카드를 잘 섞은 후 각 플레이어에게 2장씩 나눠줍니다. 받은 카드들은 숫자가 보이도록 자기 앞에 펼쳐 놓습니다. 왼쪽에 작은 수를, 오른쪽에 큰 수를 놓습니다.

❸ 차례대로 돌아가며 카드 1장을 가져가 내용을 확인하지 않고 자기 앞에 놓습니다. 카드를 놓을 때는 앞서 펼쳐진 2장의 카드 왼쪽, 오른쪽 또는 사이에 놓되, 총 10장이 될 때까지 반복합니다.

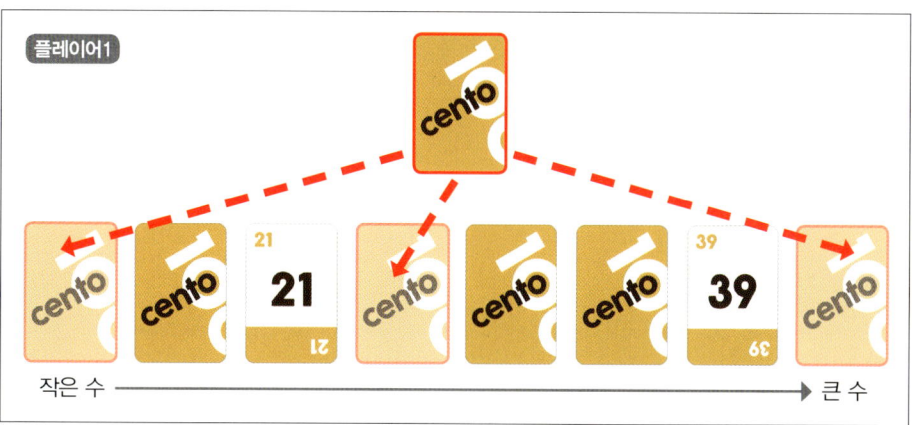

❹ 자기 차례에 새 카드로 교환하거나 자리를 바꿀 수 있습니다.
- 교환 : 가져온 카드의 숫자가 이미 공개되어 있는 숫자 사이에 들어갈 수 있으며 그 사이에 공개되지 않은 카드가 있는 경우 교환이 가능합니다. 새로 가져온 카드의 숫자가 보이도록 배치하고, 그 자리에 있던 비공개 카드는 버립니다.
- 교환 불가 : 가져온 카드의 숫자가 이미 공개되어 있는 숫자 사이에 들어갈 수 있으나, 그 사이에 공개되지 않은 카드가 없는 경우 교환이 불가능합니다. 교환이 불가능한 경우 새로 가져온 카드의 숫자가 보이도록 테이블 가운데에 버립니다. 이렇게 버려진 카드는 다른 사람이 필요한 경우 자신의 턴에 가져갈 수 있습니다.

❺ 자기 차례에 새 카드로 교환하거나 자리를 바꿀 수 있습니다.
  – 재배치 : 자기 앞에 놓여진 2장을 선택하여 위치를 바꿀 수 있습니다. 이때 연속된 숫자 배열이 된다면 추가 1턴을 더할 수 있습니다.

❻ 한 플레이어가 자기 앞에 있는 10장의 카드를 모두 순서대로 배치하면 한 라운드가 끝납니다. 모두 순서대로 배열한 경우 15점을 획득하며 가장 길게 순서대로 배열한 카드의 숫자만큼 점수를 획득합니다. 이렇게 점수를 계산하여 50점을 먼저 얻으면 승리합니다.

SPECIAL PAGE

보드 게임, 직접 만들어 보세요!

보드 게임을 통해 순차, 반복, 조건 등 프로그램을 만들 때 알아야 할 개념이나 원리를 쉽게 알 수 있었죠? 실제로 학교에서나 가정에서 다양한 코딩 보드 게임을 가지고 소프트웨어 교육을 체험해 보는 일이 많습니다. 하지만 보드 게임을 가지고 있지 않다면? 직접 만들어서 게임을 즐겨보는 것은 어떨까요?

보드 게임을 만드는 방법은 어렵지 않습니다. 앞에서 소개한 코딩 보드 게임을 비슷하게 흉내 내거나 코딩 보드 게임이 아닌 보드 게임 속에서 아이디어를 가져와 나만의 게임으로 탄생시켜도 좋습니다. 단, 정확하고 명확하게 따라야 할 규칙이 있어야 하며, 해당 게임을 하는 가운데, 코딩의 개념이나 원리를 배울 수 있다면 좋습니다.

간단하게 아주 쉬운 보드 게임을 하나 만들어 봅시다. 먼저 보드판을 준비합니다. 굵은 사인펜이나 매직으로 미로 형태, 마을 형태, 사다리 형태 등 본인이 원하는 형태로 그려주세요. 시작점과 도착점을 표시하고, 이동하는 길 가운데 상점 또는 벌점을 받을 수 있도록 기록합니다. 말을 준비한 뒤 주사위를 던지거나 이동 카드 등을 만들어 말이 움직일 수 있도록 하면 모든 준비는 끝이 납니다. 그리고 보드 게임을 실제로 해보고, 잘못된 규칙이 있거나 상점이나 벌점을 바꾸어야 하는 경우 수정해 주면 됩니다. 어때요? 충분히 여러분의 힘으로도 재미있는 보드 게임을 만들 수 있겠죠?

어떤 코딩 보드 게임을 선택하면 좋을까요?

이 책에서 소개된 코딩 보드 게임을 모두 다 경험해볼 수는 없습니다. 코딩 보드 게임을 통해 자신에게 꼭 맞으면서도 재미와 배움을 동시에 잡을 수 있다면 얼마나 좋을까요? 여기에 자신에게 필요한 코딩 보드 게임을 찾을 수 있는 몇 가지 팁을 제시합니다. 팁을 참고하여 어떤 코딩 보드 게임이 가장 자신에게 도움이 될지 잘 생각해 봅시다.

1 초등학교 1~3학년이라면! 하는 방법도 내용도 쉬운 첸토와 스택버거, 코드팡은 어떨까요? 첸토를 통해 1에서 100까지의 수도 배우고, 스택버거와 코드팡으로 알고리즘까지 익힐 수 있으니 일석이조가 따로 없겠죠?

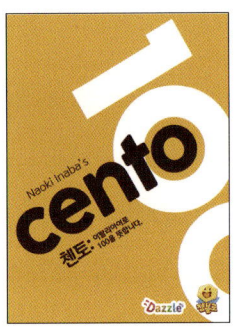  

2 초등학교 3~6학년이라면! 다양한 명령어 블록을 읽고 이해하거나 명령을 직접 내려봄으로써 순차, 반복, 선택 제어구조까지 완벽하게 마스터할 수 있는 캐치더도그와 폭탄대소동 엔트리봇, 그리고 맛있는 코딩은 어떨까요?

코딩 보드 게임, 어디서 구입할 수 있나요?

이 책에서 소개된 다양한 코딩 보드 게임 외에도 많은 코딩 보드 게임들이 시중에 출시되어 있습니다. 즐겁게 보드 게임을 즐기면서 순차, 반복, 선택과 같은 기본 제어구조를 자연스럽게 익힐 수 있을 뿐 아니라 컴퓨터과학의 여러 가지 모습을 엿볼 수 있지요. 아래 소개된 코딩 보드 사이트에 들어가 꼭 하고 싶은 보드 게임은 무엇인지 찾아봅시다.

▶▶▶ 다즐에듀
(http://www.dazzleedu.com)
캐치더도그, 캐치더캣, 폭탄대소동 엔트리봇, 스택버거, 코드팡, 첸토 등 다양한 코딩 보드 게임이 있습니다.

▶▶▶ 매직빈
(https://www.magicbeangame.com)
시그널, 팝콘, 요원12, 고앤스톱, 집 등 다양한 코딩 보드 게임이 있습니다.

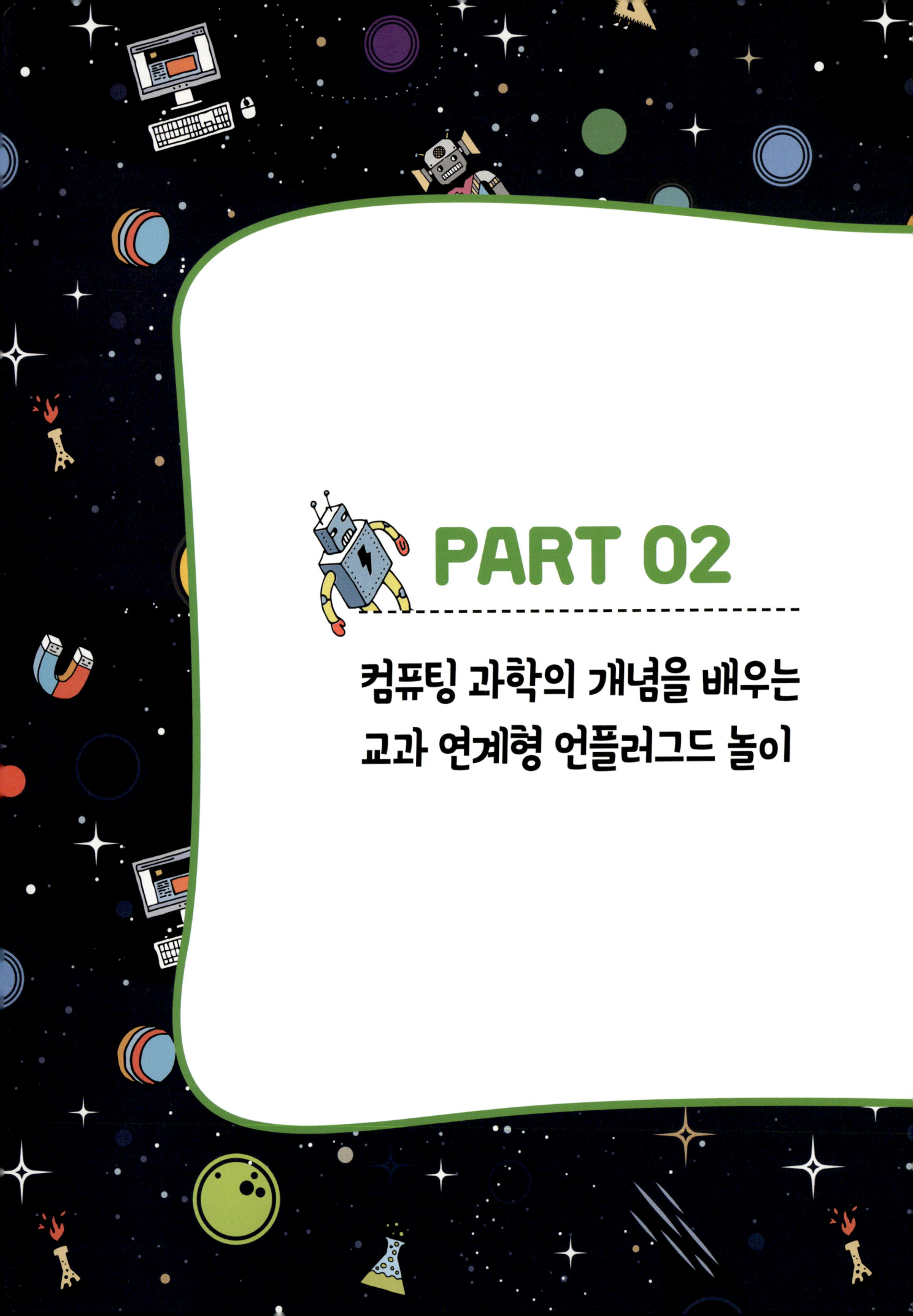

PART 02

컴퓨팅 과학의 개념을 배우는
교과 연계형 언플러그드 놀이

01 프로그램이 되어!

02 조건 줄넘기

03 과자 담기 대회

04 해적선을 피해!

05 오류 찾기 마술

06 플립북 만들기

07 인터넷 도시 만들기

08 개인 정보 보안관이 되어!

SECTION 01

프로그램이 되어!

소프트웨어란 무엇일까요? 컴퓨터 속 프로그램이 되어 보는 역할극을 해 봅시다.

 수업길잡이

난이도 ★★☆☆☆
소요시간 20분
놀이인원 최소 4인 이상
준비물 역할 카드 예시(부록 16), 역할극 명찰(부록 17), 역할극 시나리오 활동지(부록 18), 프로그램 붙임 딱지(부록 6)

 소프트웨어 놀이를 준비해요!

놀이 목표 프로그램이 되어 역할극을 통해 소프트웨어에 대해 알기

놀이 약속 실감나게 역할극 하기

 학교에서 이렇게 배워요!

수업 활동 6학년 국어. 이야기 바꾸어 쓰기

 이 놀이는

소프트웨어
컴퓨터 속 프로그램이 되어보는 역할극을 통해 소프트웨어가 무엇인지를 알아보는 놀이입니다. 컴퓨터 속 또는 우리 주변에 있는 다양한 소프트웨어와 그 역할에 대해 알고 소프트웨어의 중요성을 체감할 수 있습니다.

언플러그드 SW 놀이를 시작해요!

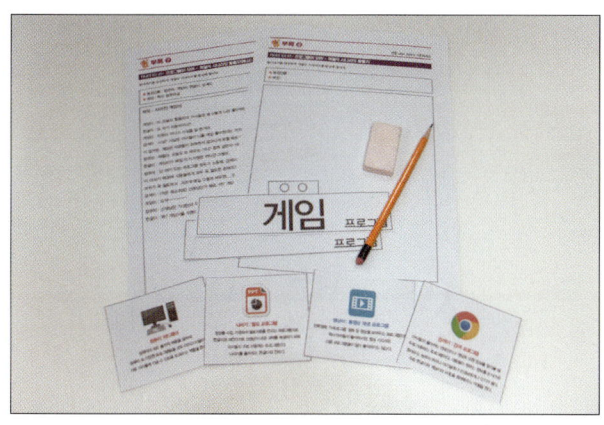

❶ 역할극 머리띠, 활동지 등 '프로그램이 되어!' 놀이를 준비합니다.

❷ 각자 역할을 정합니다.

❸ 역할 카드를 참고하여 역할극을 위한 시나리오를 작성합니다.

❹ 시나리오에 맞춰 역할극을 실시합니다.

 놀이 TIP

- 제시된 역할 카드 외 다양한 소프트웨어를 역할로 정하여 역할극을 해보아도 좋습니다. 특히 컴퓨터 속 프로그램 외 생활 속에서 발견할 수 있는 소프트웨어의 예를 잘 생각하여 놀이를 해보도록 하세요.

PART2 컴퓨팅 과학의 개념을 배우는 교과 연계형 언플러그드 놀이 63

사고력 더하기

※ 부록에 있는 다양한 프로그램을 오려서 노트북 화면에 붙여보세요.

SPECIAL PAGE

프로그램? 소프트웨어?

프로그램이란 무엇인가요? 쉽게 말하면 컴퓨터가 어떤 일을 처리할 수 있도록 모아놓은 명령들입니다. 즉, 컴퓨터로 처리할 작업의 순서대로 명령들을 모아놓은 것이지요. 예를 들어 아래처럼 블록형 프로그래밍 언어인 엔트리 명령 블록을 연결하여 '프로그램'을 만들 수 있습니다.

그렇다면 소프트웨어란? 앞에서 설명한 프로그램을 포함하여 프로그램 수행에 필요한 절차, 규칙 등의 전체를 말합니다. 즉 프로그램을 포함하는 보다 넓은 의미를 가지고 있으며 기계 장치인 하드웨어와 대비되는 말이기도 하지요. 컴퓨터 시스템이 원활하게 실행될 수 있도록 해주는 시스템 소프트웨어와 워드 프로세서, 스프레드시트처럼 사람들이 문제를 해결하는데 필요한 응용 소프트웨어로 나눌 수 있습니다.

SECTION 02 조건 줄넘기

친구들과 줄넘기 시합을 해 본 적이 있나요? 조건 줄넘기를 통해 조건에 따라 줄을 넘는 재미있는 놀이를 해 봅시다.

수업길잡이

- **난이도** ★★☆☆☆
- **소요시간** 20분
- **놀이인원** 최소 2인 이상
- **준비물** 줄넘기, 구슬, 조건지(부록 20), 사고력 조건지(부록 21)

 소프트웨어 놀이를 준비해요!

놀이 목표 조건 줄넘기 놀이를 통해 조건과 선택에 대해 알기

놀이 약속 줄넘기 놀이 전 준비운동 실시하기

 학교에서 이렇게 배워요!

수업 활동 5학년 체육, 여가 활동

 이 놀이는

조건/선택

조건에 따라 줄을 넘는 방법을 달리하거나 줄넘기를 멈추는 등의 행동을 선택하여 움직이는 신체 활동 중심의 놀이입니다. 이때 조건을 제시하는 방법으로 '그리고'와 '또는'을 사용할 수 있습니다. '(조건1) 그리고 (조건2) 일 때'로 표현되었다면 조건1과 조건2를 모두 만족했을 때 정해진 행동을 합니다. '(조건1) 또는 (조건2) 일 때'로 표현되었다면 조건1이나 조건2 둘 중 하나만 만족해도 정해진 행동을 할 수 있습니다.

언플러그드 SW 놀이를 시작해요!

❶ 줄넘기와 구슬을 준비합니다. 여러 명이라면 팀을 나눠 긴 줄넘기를 사용해도 좋습니다.

❷ 어떤 조건을 상대(팀)에게 제시할지 전략을 구상합니다.

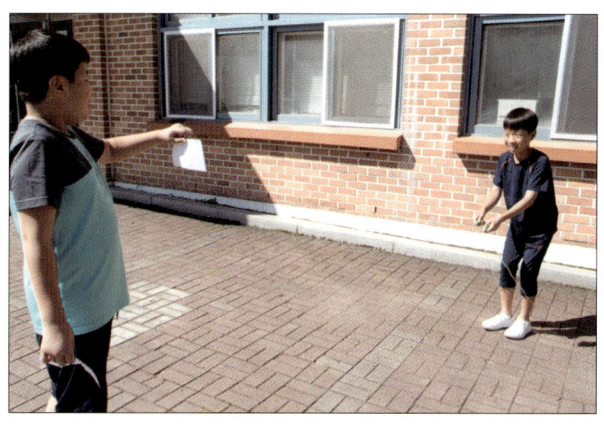

❸ 양발 모아 뛰기를 10번 하였을 때, 상대(팀)에게 조건을 읽어줍니다.

예시
- 양발 모아 뛰기를 50번 이상 했다면, 엇갈려 뛰기로 넘어갑니다.
- 엇갈려 뛰기를 10번했다면, 줄넘기를 그만합니다.

❹ 조건을 만족하면 그에 따른 정해진 행동을 합니다. 상대(팀)와 번갈아가며 조건 줄넘기를 실시합니다.

 놀이 Tip

- 조건에 따라 선택한 행동을 잘 하였을 경우에 10점을, 잘못 하였을 경우 -10점을 주어 승패가 있는 형태의 놀이를 실시해도 좋습니다. 다만, 승리를 위해 조건에 따른 행동을 지나치게 어렵게 제시하는 경우가 생기지 않도록 합니다.

사고력 더하기

❶ 2가지의 조건을 모두 만족할 때 특정 행동을 하도록 조건을 제시합니다.

예시 양발 모아 뛰기를 10번하고, 엇갈려 뛰기를 5번 이상했다면, 줄넘기를 그만하고, 구슬을 2개 얻습니다.

❷ 어느 한 가지 조건을 만족할 때 특정 행동을 하도록 조건을 제시합니다.

예시 양발 모아 뛰기를 50번 이상 하였거나 또는 엇갈려 뛰기를 10번 이상 했다면, 줄넘기를 그만하고, 구슬을 1개 얻습니다.

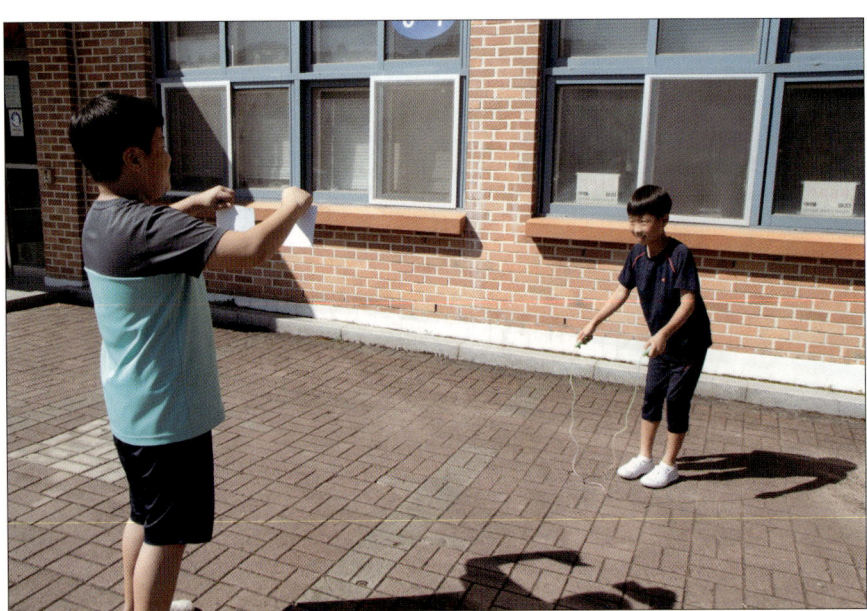

SPECIAL PAGE

신나는 림보 게임으로 관계 연산을 배워요!

림보 게임을 해 본 적 있나요? 양쪽에 기둥을 세우고, 나무나 천 등을 막대기처럼 가로선으로 만들어서, 몸을 뒤로 젖혀 그 아래를 통과하는 놀이를 말합니다. 림보 게임으로 조건을 '관계 연산'의 방법으로 표시할 수 있습니다. 예를 들어 '100cm 이하로 통과한다면 성공이다.'라고 한다면, 100cm 이하라는 높이가 조건으로 제시되었음을 알 수 있습니다.

이때 '~보다 큰, ~보다 크거나 같은, ~보다 작은, ~보다 작거나 작은'과 같이 두 수식의 값을 비교하여 참 또는 거짓을 반환하는 것을 관계 연산자라고 합니다. 이처럼 신나는 림보 게임을 하면서 관계 연산을 활용해 조건을 나타내보고, 자연스럽게 관계 연산에 대해 배울 수 있다면 정말 신나겠죠?

SECTION 03 과자 담기 대회

과자를 그릇이나 컵에 덜어서 먹어본 적이 있나요? 과자 담기 놀이를 통해 어떻게 하면 더 많은 과자를 담을 수 있는지 알아봅시다.

수업길잡이

난이도 ★★☆☆☆
소요시간 20분
놀이인원 최소 2인 이상
준비물 종이컵, 과자 1봉지, 전략지(부록 22)

 소프트웨어 놀이를 준비해요!

놀이 목표 과자 담기 놀이를 통해 압축에 대해 알기

놀이 약속 놀이가 끝난 후 과자 먹기

 학교에서 이렇게 배워요!

수업 활동 5학년 실과. 생활과 정보

 이 놀이는

압축

종이컵에 과자를 담는 방법에 따라 담을 수 있는 과자의 수가 달라지는 것을 통해 데이터 압축에 대해 간접 경험해 볼 수 있는 놀이입니다. 과자 담기 대회를 통해 신기한 데이터 압축의 세계를 체험해 보세요!

언플러그드 SW 놀이를 시작해요!

❶ 종이컵 2~3개와 과자 1봉지를 준비합니다. 사람 수에 따라 종이컵의 수와 과자의 양이 더 필요할 수 있습니다.

❷ 종이컵을 국자처럼 과자를 떠서 담아봅니다. 그리고 각자 몇 개의 과자가 종이컵에 담겼는지 세어 보세요.

❸ 각자 종이컵에 더 많은 과자를 담기 위해 전략을 짜고 그에 따라 과자를 담아보세요.

예시 과자를 세로로 하나씩 넣어서 빽빽하게 담습니다. 등

❹ 다 담은 과자의 개수를 세어보고 제일 많이 담은 친구가 승리합니다.

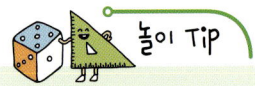

- 더 많이 담은 친구가 어떤 전략으로 과자를 담았는지 확인해 보세요. 그리고 새로운 전략을 세워 과자를 다시 담아보고, 어떤 전략이 더 많은 과자를 담을 수 있는지 확인해 봅니다.

데이터 압축

데이터 압축은 데이터를 더 적은 저장 공간에 효율적으로 기록하기 위한 기술, 또는 그 기술의 실제 적용을 가리키는 말입니다. 데이터를 더 작은 크기로 변환시키는 인코딩 과정과 저장된 데이터를 다시 불러와 원래 데이터 형태로 복원시키는 디코딩 과정으로 이루어집니다. 이때 인코딩하기 전의 데이터 크기와 인코딩 하고 나서의 데이터 크기의 비율을 압축률이라고 합니다.

파일을 압축할 때에는 압축 알고리즘을 사용하여 압축하게 되는데, 압축된 파일을 손상 없이 원래대로 되돌릴 수 있다면 이를 비손실 압축(Lossless Data Compression)이라 하고, 원래대로 복원할 수 없다면 이를 손실 압축(Loss Data Compression)이라고 합니다.

여러분들이 앞의 과자를 종이컵에 담을 때 담기 전과 담은 후, 그리고 다시 종이컵에서 뺐을 때 과자에 전혀 손상 없이 되돌릴 수 있었다면 이는 비손실 압축에 해당합니다. 하지만, 과자에 손상이 일어나 담기 전 상태로 복원할 수 없다면 비손실 압축이라고 볼 수 있겠죠? 이렇게 파일을 압축할 때에도 여러 가지 방법이나 절차에 따라, 즉 압축 알고리즘에 따라 일이 일어난 사실, 잊지 마세요!

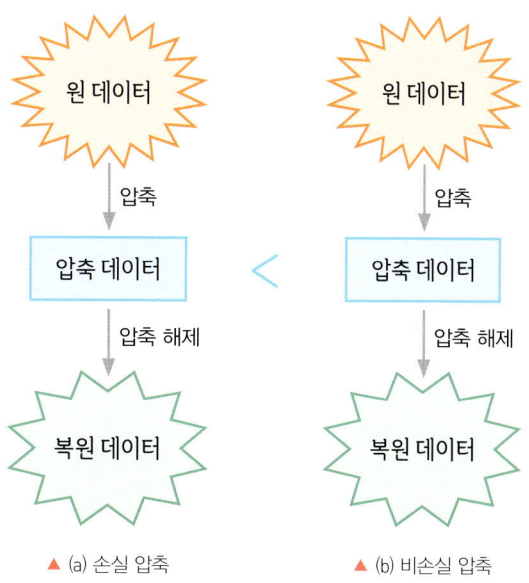

▲ (a) 손실 압축　　　▲ (b) 비손실 압축

SECTION 04

해적선을 피해!

보물 놀이를 해 본 적이 있나요? 다음 보물 지도의 좌표를 살펴보고, 조건에 따라 해적선을 피해 보물을 찾아 떠나봅시다.

수업길잡이

난이도 ★★★☆☆
소요시간 20분
놀이인원 최소 2인 이상
준비물 보물 지도(부록 7), 보물 지도 명령지(부록 23), 사고력 보물 지도(부록 8), 사고력 보물 지도 명령지(부록 24), 말(지우개 등)

소프트웨어 놀이를 준비해요!

놀이 목표 해적선을 피해 놀이를 통해 좌표에 대해 알기

놀이 약속 좌표를 확인하며 놀이하기

학교에서 이렇게 배워요!

수업 활동 5학년 수학. 자료의 표현

 이 놀이는

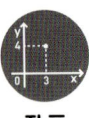
좌표

보물 지도 위에서 보물의 위치를 확인하고 해적선을 피해 보물을 찾아가는 놀이입니다. 이를 통해 절차적인 사고력을 키울 수 있으며, 좌표에 대해서도 알게 됩니다.

언플러그드 SW 놀이를 시작해요!

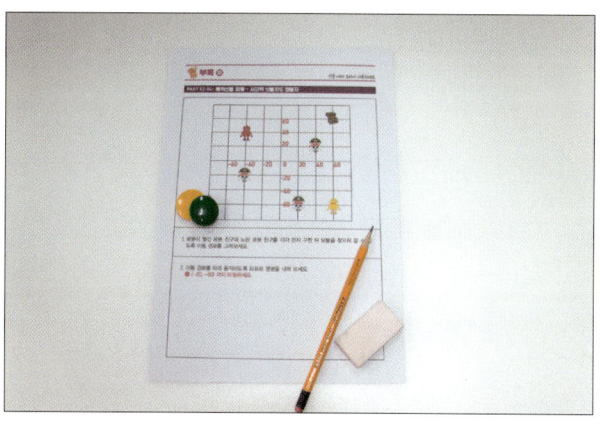

❶ 보물 지도 명령지를 준비합니다.

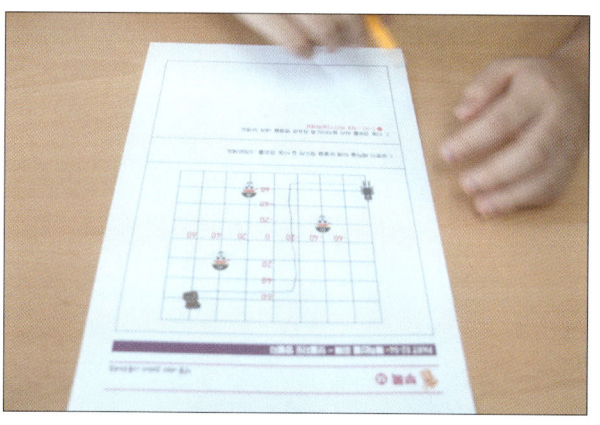

❷ 보물 지도 위에 해적선과 말, 보물을 위치를 확인합니다.

❸ 보물의 위치, 즉 좌표를 확인하고 해적선을 피해 보물을 찾아갈 수 있도록 명령지에 명령을 작성합니다.

❹ 명령대로 움직여 보물을 획득하세요.

 놀이 Tip

- 친구와 팀을 나누어 게임 형태로 진행해도 좋습니다. 보물지도에 보물, 해적선 등을 위치시켜 상대에게 문제를 내보세요. 서로 번갈아가며 문제를 내고, 정확하게 명령대로 움직여 더 많은 보물을 획득한 팀이 이기게 됩니다.

사고력 더하기

❶ 이번에는 보물을 찾기 위해 해적선을 피해야 할 뿐 아니라 위험에 빠진 친구를 구해야 합니다. 보물 지도에 보물, 친구, 해적선의 위치를 각각 정하고, 좌표를 확인합니다.

❷ 문제를 해결하기 위한 명령을 명령지에 작성하고, 보물을 찾아 이동해 보세요.

SPECIAL PAGE

좌표란 무엇인가요?

좌표란 특정한 위치를 나타내기 위해 x축(가로 축)의 값과 y축(세로 축)의 값으로 표현한 한 쌍의 값을 말합니다. 예를 들어 애니메이션을 만들 때 특정한 캐릭터가 움직이도록 하려면, 어떤 위치로 움직이라는 명령이 필요합니다. 아래 그림의 엔트리 로봇은 현재 x=0, y=0 위치에 있으며, 만약 x=100, y=0 위치로 이동하라는 명령을 내린다면, 오른쪽으로 100만큼 움직인 것을 확인할 수 있습니다. (0,0)을 기준으로 왼쪽과 아래쪽 방향은 음수로, 오른쪽과 위쪽 방향은 양수로 표현합니다.

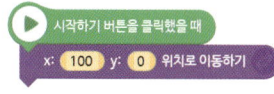

SECTION 05

오류 찾기 마술

컴퓨터가 오류를 찾아서 수정하는 경우를 본 적이 있나요? 오류 찾기 마술을 통해 컴퓨터가 오류를 찾아서 수정하는 원리를 알아 봅시다.

수업길잡이

- 난이도 ★★★☆☆
- 소요시간 15분
- 놀이인원 최소 2인 이상
- 준비물 학종이 또는 색종이 36장

 소프트웨어 놀이를 준비해요!

놀이 목표 오류 찾기 마술 놀이를 통해 디버깅에 대해 알기

놀이 약속 색종이로 장난치지 않기

 학교에서 이렇게 배워요!

수업 활동 5학년 국어. 소중한 우리말

 이 놀이는

디버깅

컴퓨터가 오류를 발견하고, 이를 수정하는 원리, 즉 디버깅에 대해 알아보는 놀이입니다. 디버깅은 프로그래밍에서 발생한 오류를 찾아서 고치는 것을 뜻하는 말입니다. 잘못된 부분을 컴퓨터가 어떻게 찾아내고 수정하는지를 앎으로써 컴퓨터과학의 세계에 한 발 더 다가가 보세요!

언플러그드 SW 놀이를 시작해요

❶ 색종이 36장을 준비합니다.

❷ 1명의 구경꾼이 책상 위에 색종이를 앞면 또는 뒷면을 섞어 가로 5장, 세로 5장씩 총 25장을 놓습니다.

❸ 마술사는 구경꾼이 만들어놓은 색종이에 가로 1장씩, 세로 1장씩 더 색종이를 덧붙여 놓습니다.

예시 이때 마술사는 색종이의 앞면 또는 뒷면이 가로, 세로 모두 짝수가 되도록 놓아야 합니다.

❹ 구경꾼은 마술사 몰래 총 36장의 색종이 중 1장을 선택해 뒤집어 놓습니다. 이렇게 뒤집어 놓은 부분이 오류가 발생한 부분입니다.

❺ 마술사는 구경꾼이 바꿔놓은 부분을 찾으면 됩니다.

예시 구경꾼이 1장을 뒤집어 놓게 되면, 가로와 세로축에 짝수가 아닌 부분이 생기게 됩니다. 그 부분이 바로 구경꾼이 오류로 만들어 놓은 부분입니다.

 놀이 Tip

- 이 놀이는 마술사가 오류를 찾는 원리를 구경꾼은 절대 모르도록 해야 합니다. 마술사만 그 원리를 알고, 친구들에게 오류 찾기 마술을 보여주도록 하세요.

SPECIAL PAGE

패리티 비트에 대해

패리티 비트(Parity bit)는 정보의 전달 과정에서 오류가 생겼는지를 검사하기 위해 추가된 비트를 말합니다. 전송하고자 하는 데이터의 각 문자에 1비트를 더하여 전송하는 방법으로 2가지 종류의 패리티 비트(홀수, 짝수)가 있습니다. 예를 들어 짝수(even) 패리티는 전체 비트에서 1의 개수가 짝수가 되도록 패리티 비트를 정하는 것인데, 이를테면 데이터 비트에서 1의 개수가 홀수이면 패리티 비트를 1로 정해 1의 개수를 짝수가 되도록 만들어 줍니다. 홀수(odd) 패리티는 전체 비트에서 1의 개수가 홀수가 되도록 패리티 비트를 정하는 방법입니다.

SECTION 06
플립북 만들기

플립북을 만들어 본 적이 있나요? 내가 그린 그림이 살아있는 듯 움직이는 플립북 만들기를 통해 이미지 데이터가 영상 데이터로 변하는 과정을 이해해 보세요!

수업길잡이

난이도 ★★★☆☆
소요시간 40분 이상
놀이인원 1인 이상
준비물 플립북 종이(부록 25), 사고력 플립북 종이(부록 26), 싸인펜, 색연필

 소프트웨어 놀이를 준비해요!

놀이 목표 플립북 만들기 놀이를 통해 영상이 만들어지는 과정 알기

놀이 약속 플립북 만드는 방법을 익힌 후 다양한 플립북 만들어 보기

 학교에서 이렇게 배워요!

수업 활동 4학년 국어. 이야기 속으로

 이 놀이는

이미지/영상 데이터

플립북을 만들어 이미지 데이터가 영상 데이터로 바뀌는 과정을 이해하는 놀이입니다. 만화가 어떻게 영상으로 바뀌는지를 직접 경험함으로써 신기한 컴퓨터과학의 세계를 간접 체험해 보세요.

언플러그드 SW 놀이를 시작해요

❶ 플립북 종이, 연필, 싸인펜 등의 필기구를 준비합니다.

❷ 플립북 종이는 가위를 이용해 8등분으로 나눕니다.

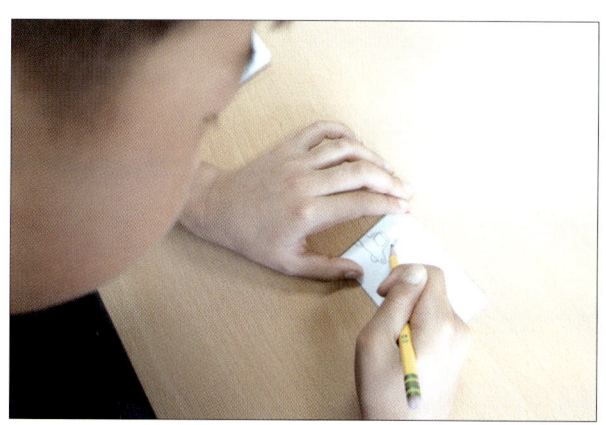

❸ 움직이는 자동차를 표현하기 위해 제일 첫 장은 자동차를 제일 왼쪽에 위치하도록 그립니다. 두 번째 장은 첫 장보다는 오른쪽에 위치하도록 그립니다. 제일 마지막 여덟 번째 장 속 자동차는 제일 오른쪽에 위치하도록 합니다.

❹ 8장의 완성된 그림을 모아서 첫 장부터 차례로 빠르게 넘겨봅니다. 그림이 살아움직이는 듯 자동차가 이동하는 모습을 확인할 수 있습니다.

 놀이 Tip

- 장수가 더 많이 늘수록 정교하게 살아 움직이는 모습을 표현할 수 있습니다. 친구와 함께 재미있는 애니메이션을 표현해 보세요.

사고력 더하기

① 살아 움직이는 사람을 표현하기 위해 다시 종이를 8등분 또는 10등분으로 나누어 각각 사람의 모습을 그려봅니다. 사람의 경우 오른발, 왼발을 번갈아가면서 움직이는 동작이 될 수 있도록 그려주세요.

② 완성한 종이를 모아 첫 장부터 마지막 장까지 빠르게 넘겨봅시다.

SPECIAL PAGE

초당 프레임의 비밀!

플립북 만들기를 통해 이미지 데이터가 영상 데이터로 바뀌는 과정을 이해했나요? 이때 중요한 개념 중 하나가 바로 프레임 레이트(Frame rate)라는 것입니다. 프레임 레이트란 디스플레이 장치가 화면 하나의 데이터를 표시하는 속도를 말하며, 프레임 속도 또는 프레임률이라고 합니다. 좀 더 쉬운 말로 초당 프레임 수라고도 하는데, 1초 동안 보여주는 화면의 수, 즉 이미지의 수를 뜻한다고 볼 수 있습니다.

영화 필름은 보통 초당 24 프레임을 사용합니다. 움직이는 프레임이 자연스럽게 우리 눈에 들어오게 하려면 적어도 초당 15 프레임이 필요하다고 하니, 앞에서 만든 플립북이 좀 더 자연스럽게 움직이는 것처럼 보이려면 최소 15장 이상의 움직임을 그려 빠르게 넘겨 보아야겠죠?

THE KINEOGRAPH.

SECTION 07
인터넷 도시 만들기

도시를 그려본 적이 있나요? 인터넷 도시 만들기를 통해 인터넷이란 무엇인지 알아보는 재미있는 놀이를 해 봅시다.

수업길잡이

난이도 ★★★☆☆
소요시간 20분
놀이인원 1인
준비물 인터넷 도시 종이(부록 27), 건물과 여러 가지 탈것(부록 9), 싸인펜

 소프트웨어 놀이를 준비해요!

놀이 목표 인터넷 도시 만들기 놀이를 통해 인터넷에 대해 알기

놀이 약속 각각의 건물, 탈 것 등이 뜻하는 바를 생각해 보기

 학교에서 이렇게 배워요!

수업 활동 5학년 실과. 생활과 정보

 이 놀이는

인터넷 도시를 만들어봄으로써 인터넷이 작동하는 원리를 이해하는 놀이입니다. 인터넷 도시 속 도로, 건물, 탈 것 등이 각각 무엇을 의미하는지를 알아봄으로써 매일 사용하는 인터넷의 개념을 보다 분명하게 알아봅시다.

언플러그드 SW 놀이를 시작해요

❶ 인터넷 도시 만들기를 준비합니다. 부록에 보면 건물, 탈 것 등이 있습니다. 오려서 인터넷 도시를 만들 재료를 준비해 보세요.

❷ 인터넷 도시 종이(부록)에 이곳저곳이 서로 연결된 도로를 그려보세요.

예시 이 도로는 서로 연결된 인터넷 케이블을 의미합니다.

❸ 그려진 인터넷 도시 도로 곳곳에 건물을 놓아보세요.

예시 각 건물은 그 크기에 상관없이 세상의 모든 컴퓨터를 뜻합니다.

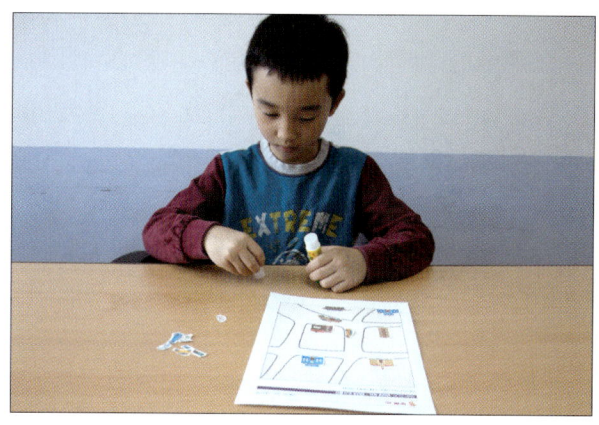

❹ 도로 위에 여러 가지 탈 것을 자유롭게 놓아보세요.

예시 자동차, 트럭, 오토바이, 자전거 등 여러 가지 탈 것들은 다양한 정보들(웹페이지)을 뜻합니다.

 놀이 Tip

- 인터넷 도시를 만들 때 각각 색깔을 구분해서 직접 그려도 좋습니다. 도로는 검정색, 건물은 파란색, 각 탈 것들은 빨간색 등으로 그려서 인터넷, 컴퓨터, 정보들이 어떻게 작동하는지를 이해해 보세요.

SPECIAL PAGE

인터넷, 넌 누구니?

해외에 있는 친구와 메일을 주고받거나 화상채팅을 해본 적이 있나요? 이런 일을 가능하게 하는 것은 바로 인터넷이 있기 때문입니다. 인터넷은 전 세계 수십억 명의 사용자들에게 제공되는 지구 전체의 컴퓨터 네트워크 시스템이라고 볼 수 있습니다. TCP/IP라는 통신 프로토콜을 이용해 서로 연결된 컴퓨터끼리 정보를 주고받을 수 있으며 이러한 인터넷의 발달은 우리 사회에 많은 영향을 끼쳤습니다.

예를 들어서 직접 손으로 쓴 편지를 우체국을 통해 전달하는 대신에 전자 메일을 사용하게 되었으며, 백화점이나 아울렛에 가지 않아도 전자상거래를 통해 물건을 쉽게 사고팔 수 있게 되었습니다. 또한, 학원에 직접 가지 않고도 인터넷 강의를 통해 학습할 수 있게 되었고, 오프라인 회의 대신에 화상 강의를 통해 먼 곳에서도 서로의 얼굴을 보면서 회의할 수 있습니다. 이런 인터넷의 발달이 여러분들의 생활에는 어떤 영향을 미치고 있는지 한 번 생각해 볼까요?

시대가 변하니 놀이도 변한다?! 인터넷 놀이에 대해 알아봅시다.

인간을 흔히 유희의 동물(호모 루덴스)이라고 하여 놀이를 본능적으로 좋아한다고 이야기합니다. 컴퓨터, 인터넷이 발명되기 전까지만 해도 바깥에서 뛰어노는 신체 놀이가 대부분이었다면 인터넷의 발달로 '인터넷 놀이'가 새롭게 생겼다고 해요.

예를 들어 이모티콘을 만들어서 다른 사람에게 보내거나 고유의 용어를 만들어내서 사용하는 것, 댓글을 달면서 재미를 느끼는 놀이들을 '소통 놀이'라고 합니다. 또 SNS에 일상의 모습들을 영상이나 사진으로 올리면서 재미를 느끼거나 사진이나 그림 등을 합성, 패러디하면서 즐거움을 찾는 놀이를 '이미지 놀이'라고 합니다.

물론 놀이가 지나쳐 다른 사람을 비방하는 댓글을 달거나 허락 없이 다른 사람의 사진이나 그림을 사용하는 일이 있어서는 안 됩니다. 그럼 친구들과 함께 건전하고 즐거운 다양한 인터넷 놀이를 해보는 것은 어떨까요?

댓글

↳ 🙂 이서윤(yoon***)   계속 해오던 삼각함수 규칙 깨진 거 실화?

↳ 🙂 이서윤(yoon***)   이렇게 진동하면서 발산하는 함수는 뭐라고 부름?

↳ 😈 김민준(blue****)   헐 저 때문에 규칙 깨진 거임? ㄹㅇ 반성하는 각이구요

↳ 😈 김민준(blue****)   근데 글자 수 제한 때문에 무한대로 발산할 수는 없겠음ㅠ

↳ 😈 김민준(blue****)   나중에 언젠가는 감소함수로 돌아와야 하는데 어떡함?

↳ 🐥 박현우(123s****)   재밌어보이는 부분인 건 내 느낌적인 느낌임?ㅋ 뭔 내용인지는 모르지만 참여ㅋㅋ

↳ 😎 서지호(jiho*****)   정적을 깨며 박현우 님 등장

↳ 🐥 박현우(123s****)   결국 다시 감소함수로 돌아감... 좌로 인정 우로 인정 앞구르기 인정? 저의 무례를 용서하셈ㅠㅠ

SECTION 08
개인 정보 보안관이 되어!

인터넷을 하면서 여러분의 개인 정보가 공개된 적이 있나요? 개인 정보 보안관이 되어 놀이를 통해 지켜야 할 개인 정보에는 무엇이 있는지 알아 봅시다.

수업길잡이

난이도 ★★☆☆☆
소요시간 20분
놀이인원 1인 이상
준비물 놀이 카드(부록 10, 11), 개인 정보 보호 카드(부록 28), 펜

 소프트웨어 놀이를 준비해요!

놀이 목표 개인 정보 보안관 놀이를 통해 개인 정보의 중요성 알기

놀이 약속 놀이 후 자신의 개인 정보 보호에 대해 알아보기

 학교에서 이렇게 배워요!

수업 활동 5학년 실과. 생활과 정보 • 5학년 도덕. 정보사회에서의 올바른 생활

 이 놀이는

개인 정보 보호
카드를 보고 공개해도 되는 정보인지, 공개하면 안 되는 정보인지를 분류함으로써 개인 정보 보호의 중요성을 알게 되는 놀이입니다. 분류된 카드를 살펴보고 평소에 개인 정보를 잘 보호하고 있는지 생각해 보세요!

언플러그드 SW 놀이를 시작해요

❶ 놀이 카드를 오려서 정보 보안관 놀이를 준비합니다.

❷ 카드를 섞고, 뒤집어서 가운데에 놓습니다.

❸ 한 장씩 카드를 뒤집어 내용을 확인하고 보호해야 하는 정보인지 공개해도 되는 정보인지 생각해본 후 양쪽으로 분류합니다.

예시 우리 집 주소가 적힌 카드 : 보호해야 하는 정보로 놓기

❹ 제대로 분류한 카드 1장당 1점, 잘못 분류한 카드 1장당 -1점으로 계산합니다. 분류된 카드를 살펴보고 어떤 정보를 꼭 보호해야 하는지 살펴봅니다.

 놀이 Tip

- 보호해야 하는 카드와 공개해도 되는 카드를 제대로 분류했는지 궁금하다면 부록 12번을 확인해 보세요. 평소에 공개해도 된다고 생각한 정보 중에 보호해야 하는 정보로 분류된 카드가 있다면 해당 정보가 다시 보호될 수 있도록 해주세요.

사고력 더하기

❶ 부록 28번을 잘라 부록에 제시된 내용 외에 꼭 보호되어야 할 개인 정보를 생각하면서 그려 개인 정보 보호 카드를 만들어 봅시다. 공개되어도 좋은 정보를 담은 카드를 함께 만들어도 좋습니다.

❷ 새로 만든 카드를 다 함께 섞어서 개인 정보 보안관 놀이를 해 봅시다.

SPECIAL PAGE

개인 정보 오남용 피해 방지를 위한 십계명

개인 정보를 잘 지키기 위해 인터넷을 사용 시 또는 생활 속에서 실천해야 할 개인 정보 보호 오남용 피해 방지 십계명은 다음과 같습니다.

❶ 개인 정보 처리 방침 및 이용약관 꼼꼼히 살피기
❷ 비밀번호는 문자와 숫자로 8자리 이상으로 만들기
❸ 비밀번호는 주기적으로 변경하기
❹ 회원가입은 주민등록번호 대신 i-PIN 사용하기
❺ 명의도용 확인은 서비스를 이용하여 가입 정보 확인하기
❻ 개인 정보는 친구에게도 알려주지 않기
❼ P2P 공유 폴더에 개인 정보 저장하지 않기
❽ 금융거래는 PC방에서 이용하지 않기
❾ 출처가 불명확한 자료는 다운로드 금지
❿ 개인 정보 침해 신고 적극적으로 활용하기

▲ 글 출처 : 개인 정보 보호 종합 포털(http://www.privacy.go.kr)

혼자서도 할 수 있는
소프트웨어 교육 정보

1 소프트웨어야, 놀자 (http://www.playsw.or.kr)

네이버가 공익적 교육 사업을 위해 설립한 비영리 기관인 커넥트 재단이 운영하는 소프트웨어교육 사이트입니다. 오래된 전문성과 노하우를 바탕으로 개발자만의 기술이 아닌 친근하고 재미있는 도구로 소프트웨어를 경험하고 지도할 수 있게끔 체계적인 커리큘럼과 콘텐츠를 제공하고 있습니다. 특히 다양한 영상 콘텐츠와 커리큘럼, 체험활동을 무료로 제공함으로써 일상생활 속에 숨어 있는 다양한 소프트웨어를 직접 체험해 보고 만들며 컴퓨팅 사고력을 향상 시킬 수 있도록 하고 있습니다.

2 코드스파크 아카데미 (https://thefoos.com/hour-of-code)

코드스파크는 코드닷오알지처럼 외국에서 운영하는 코딩 교육 사이트입니다. 코드닷오알지처럼 hour-of-code 운동에 함께 참여하며 무료로 다양한 코딩 앱을 체험할 수 있도록 합니다. 코딩 퍼즐을 조합하며 미션을 해결하거나 아이들에게 친숙한 캐릭터인 스누피가 친구들과 함께 눈싸움을 하며 순차, 반복, 변수 등의 프로그래밍의 주요 개념을 배울 수 있도록 안내하고 있습니다.

3 소프트웨어중심사회 자료실 (https://www.software.kr)

소프트웨어중심사회는 과학기술정보통신부, 정보통신산업진흥원이 운영하고 있는 사이트로서 다양한 소프트웨어교육 정책이나 소식, 동향을 소개하고 있을 뿐 아니라 소프트웨어교육을 위한 교재를 무료로 배포하고 있습니다. SW 교재 게시판에 가면 학생, 교사, 일반인 등 누구나 자신에게 필요한 교재를 무료로 다운받아 활용할 수 있습니다. 다양한 주제와 영역의 소프트웨어 교육이 가능한 초등학교, 중학교, 고등학교 교재들이 많이 탑재되어 있으므로 자신에게 필요한 교재를 다운받아 스스로 학습해 보세요!

부록

부록 자료가 추가로 필요하다면?

영진닷컴 홈페이지에서 다운로드 할 수 있어요!
선생님들을 위한 교안도 제공하고 있습니다.

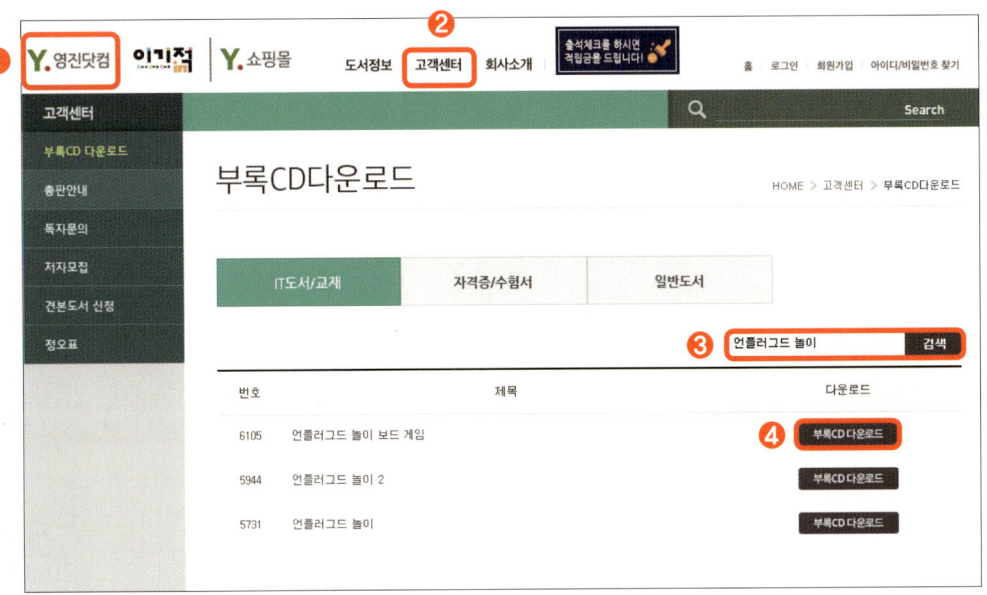

❶ 영진닷컴 홈페이지(www.youngjin.com)에 접속합니다.

❷ [고객센터]를 클릭한 후 [부록CD다운로드] 게시판에 들어갑니다.

❸ '언플러그드 놀이'를 입력한 후 [검색] 버튼을 클릭합니다.

❹ 검색 목록에 나온 '언플러그드 놀이 보드 게임'의 [부록CD다운로드] 버튼을 클릭합니다.

❺ 자료를 다운로드 받은 후 프린트해서 사용하면 됩니다.

 부록 ❶

선을 따라 오려서 사용하세요.

PART 01-05 • 명령 카드

이동 방향으로 2 만큼 움직이기	이동 방향으로 2 만큼 움직이기
*이동 카드입니다. 캐릭터를 진행 방향으로 2칸 이동합니다.	*이동 카드입니다. 캐릭터를 진행 방향으로 2칸 이동합니다.

이동 방향으로 3 만큼 움직이기	이동 방향으로 3 만큼 움직이기
*이동 카드입니다. 캐릭터를 진행 방향으로 3칸 이동합니다.	*이동 카드입니다. 캐릭터를 진행 방향으로 3칸 이동합니다.

이동 방향을 90° 만큼 회전하기	이동 방향을 90° 만큼 회전하기
*이동 카드입니다. 캐릭터를 오른쪽으로 90도 회전합니다.	*이동 카드입니다. 캐릭터를 오른쪽으로 90도 회전합니다.

이동 방향을 270° 만큼 회전하기	이동 방향을 270° 만큼 회전하기
*이동 카드입니다. 캐릭터를 오른쪽으로 270도 회전합니다.	*이동 카드입니다. 캐릭터를 오른쪽으로 270도 회전합니다.

2 번 반복하기	2 번 반복하기

3 번 반복하기	3 번 반복하기

 **부록 ❷**

선을 따라 오려서 사용하세요.

PART 01-07 • 숫자 카드

1에서 100까지 10장씩 가지고 게임을 해보세요.

1	2	3	4	5
6	7	8	9	10
11	12	13	14	15
16	17	18	19	20
21	22	23	24	25

 **부록 ❸**

선을 따라 오려서 사용하세요.

PART 01-07 • 숫자 카드

26	27	28	29	30
31	32	33	34	35
36	37	38	39	40
41	42	43	44	45
46	47	48	49	50

 부록 ❹

선을 따라 오려서 사용하세요.

PART 01-07 • 숫자 카드

51	52	53	54	55
56	57	58	59	60
61	62	63	64	65
66	67	68	69	60
71	72	73	74	75

부록 ❺

선을 따라 오려서 사용하세요.

PART 01-07 • 숫자 카드

76	77	78	79	80
81	82	83	84	85
86	87	88	89	90
91	92	93	94	95
96	97	98	99	100

 부록 ❻

선을 따라 오려서 사용하세요.

PART 02-01 • 프로그램 붙임 딱지

PART 02-04 • 보물 지도

해적을 피해 보물을 찾기 위해서 로봇에게 어떻게 명령을 내려야 할지 생각해 보고 명령을 내려 보세요. 해적을 더 추가해도 좋습니다.

PART 02-04 • 사고력 보물 지도

친구를 먼저 구한 뒤 해적을 피해 보물을 찾기 위해서 로봇에게 어떻게 명령을 내려야 할지 생각해 보고 명령을 내려 보세요. 구하고 싶은 친구 또는 해적을 추가해도 좋습니다. 또한, 명령을 내릴 로봇의 출발 지점 역시 바꿀 수 있습니다.

부록 ❾

선을 따라 오려서 사용하세요.

PART 02-07 • 건물과 여러 가지 탈 것

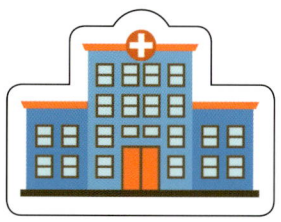
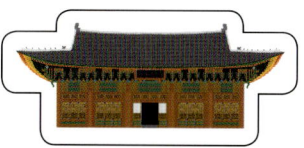

부록 ⑩

선을 따라 오려서 사용하세요.

PART 02-08 • 놀이 카드

나의 이름
(실명)

나의 나이
(생년월일)

나의 별명

우리 집 주소

나의 핸드폰 번호

부모님
주민등록번호

우리 집
강아지 이름

나의 이메일
주소

내 장난감 개수

 # 부록 ⑪

선을 따라 오려서 사용하세요.

PART 02-08 • 놀이 카드

부모님
핸드폰 번호

내 통장 계좌번호

내가 좋아하는 것

내가 다니는 학교 이름

내 친구 핸드폰 번호

내 신발 사이즈

내가 잘하는 것

카톡, 페이스북 등
SNS 아이디와 비밀번호

내 장래희망

 부록 ⑫

PART 02-08 • 놀이 카드 정답지

〈보호해야 하는 카드〉

나의 이름
(실명)

나의 나이
(생년월일)

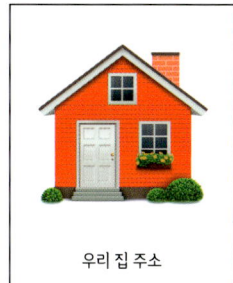
우리 집 주소

나의 핸드폰 번호

부모님
주민등록번호

나의 이메일
주소

부모님
핸드폰 번호

내 통장 계좌번호

내가 다니는 학교 이름

내 친구 핸드폰 번호

카톡, 페이스북 등
SNS 아이디와 비밀번호

〈공개해도 되는 카드〉

나의 별명

우리 집
강아지 이름

내 장난감 개수

내가 좋아하는 것

내 신발 사이즈

내가 잘하는 것

내 장래희망

부록 ⑬

선을 따라 오려서 사용하세요.

PART 01-01 • 산적 카드

소고기 산적	떡 산적	돼지고기 산적
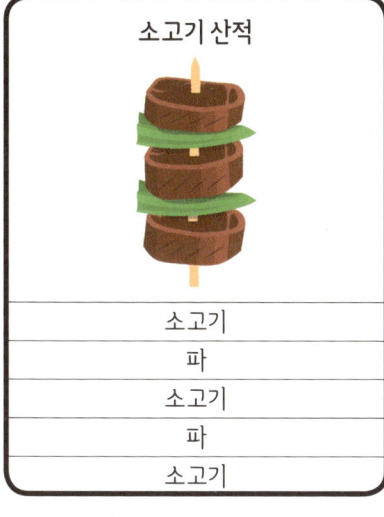	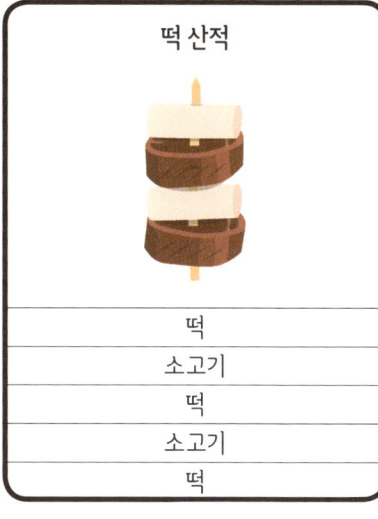	
소고기	떡	맛살
파	소고기	파
소고기	떡	돼지고기
파	소고기	피망
소고기	떡	

 부록 ⑭

선을 따라 오려서 사용하세요.

PART 01-01 • 재료 카드

소고기	파	떡
소고기	파	떡
소고기	파	떡

 **부록** ⑮

선을 따라 오려서 사용하세요.

PART 01-01 • 재료 카드

돼지고기

PART 02-01 • 역할 카드 예시

한글이 : 한글 프로그램
선생님이 많이 사용하는 프로그램으로
선생님이 내준 과제를 해결하기 위해 아이들도 자주 이용하는
편이다. 수업 시간에 아이들의 과제 해결을 위해 열심히
일하지만, 아이들이 항상 게임만 더 좋아해서 불만이 많다.

검색이 : 검색 프로그램
아이들이 좋아하는 연예인이나 게임에 대한 정보를 찾아볼 때
주로 사용하는 프로그램이다. 사람들이 원하는 정보를 순식간
에 찾아주는 능력이 뛰어나 아이들에나 선생님에게나 인기가
좋다. 주로 한글이와 게임이의 싸움을 중재해주는 역할을 한다.

게임이 : 게임 프로그램
아이들이 제일 좋아하는 프로그램으로
자신의 인기에 대한 자랑이 심한 편이다.
특히 한글이와 사이가 좋지 않아 자주 다투곤 한다.

컴퓨터
컴퓨터의 모든 물리적 부품을 말하며,
컴퓨터 속 다양한 프로그램들을 모두 아끼고 이들이
서로 사이좋게 지낼 수 있도록 도와주는 역할을 한다.

영상이 : 동영상 재생 프로그램
만화영화, TV프로그램, 영화 등 영상을 보여주는 프로그램으
로 역시 아이들이 좋아하지만, 항상 시끄러워
다른 프로그램들이 많이 좋아하지는 않는다.

나서기 : 발표 프로그램
정보를 수집, 가공하여 발표자료를 만드는 프로그램으로
한글이와 마찬가지로 선생님이 내준 과제를 해결하기 위해
아이들이 주로 이용하는 프로그램이다.
나서기를 좋아하고, 한글이와 친하다.

 **부록 ⑰**

선을 따라 오려서 사용하세요.

PART 02-01 • 역할극 명찰

원하는 프로그램의 이름을 써서 사용하세요.

프로그램

프로그램

프로그램

프로그램

 **부록 ⑱**

PART 02-01 • 역할극 시나리오 활동지

뒷이야기를 상상하여 역할극 시나리오를 완성해 봅시다.

★ 등장인물 :
★ 배경 :

 **부록 ⑲**

PART 02-01 • 역할극 시나리오 활동지 예시

★ 등장인물 : 컴퓨터, 게임이, 한글이, 검색이
★ 배경 : 학교 컴퓨터실

제목 : 사라진 게임이

게임이 : 아... 오늘도 힘들었어. 아이들은 왜 이렇게 나만 좋아하는지 몰라.

한글이 : 또 자기 자랑이구나?

게임이 : 자랑이 아니고 사실을 말한 거야.

검색이 : 사실? 사실은 아이들이 나를 제일 좋아한다는 거지. 아이들은 단, 하루도 날 이용하지 않은 적이 없거든. 게임은 어른들이 허락하지 않으니까 못 할 때도 있잖아?

컴퓨터 : 애들아. 오늘도 또 싸우는 거니? 함께 살면서 사이좋게 지내야지.

한글이 : 게임이가 매일 자기 자랑만 하니깐 그렇죠.

컴퓨터 : 난 여기 있는 프로그램 모두가 소중해. 검색이, 게임이, 한글이... 모두 각자가 잘 할 수 있는 일이 다르기 때문에 사람들에게 모두 꼭 필요한 존재라고 할 수 있지. 사람들뿐 아니라 나에게도 너희들 모두가 꼭 필요하고. 그런데 매일 그렇게 싸우면...... 앗! 누군가가 온다! 쉿!

검색이 : (작은 목소리로) 선생님인가 봐요. 어? 게임이를 지우고 있어?!

게임이 : 으악~~~~~

컴퓨터 : 선생님이 우리 게임이를 지우고 가셨어. 어떡하지? 게임아~

한글이 : 뭐? 게임이를 지웠다고?

 **부록 ⑳**

PART 02-02 • 조건지

조건	(예시) 양발 모아 뛰기를 50번 이상 했다면 엇갈려 뛰기로 넘어간다.
조건	

조건	
조건	

PART 02-02 • 사고력 조건지

조건①
〈그리고〉

(예시) 양발 모아 뛰기를 10번 하기
그리고 엇갈려 뛰기를 5번 이상을 한다면,
줄넘기를 그만하고, 구슬을 2개 얻는다.

조건②
〈또는〉

조건①
〈그리고〉

조건②
〈또는〉

 부록 ㉒

PART 02-03 • 전략지

종이컵에 과자를 어떻게 담을 것인지 그림으로 간단하게 나타내고 자신이 생각한 방법을 글로 적어봅시다.

_____

_____

_____

_____

_____

부록 ㉓

PART 02-04 • 보물 지도 명령지

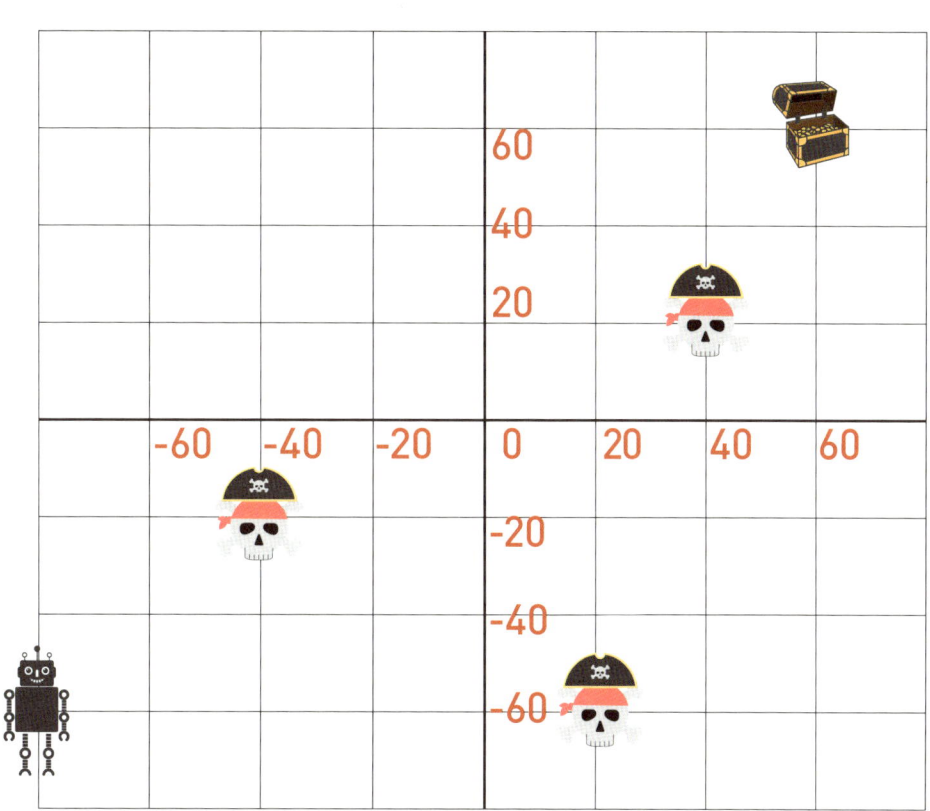

1. 로봇이 해적을 피해 보물을 찾으러 갈 이동 경로를 그려 보세요.

2. 이동 경로를 따라 움직이도록 좌표로 명령을 내려 보세요.
   예 (-20, -60)까지 이동하세요.

부록 24

PART 02-04 • 사고력 보물 지도 명령지

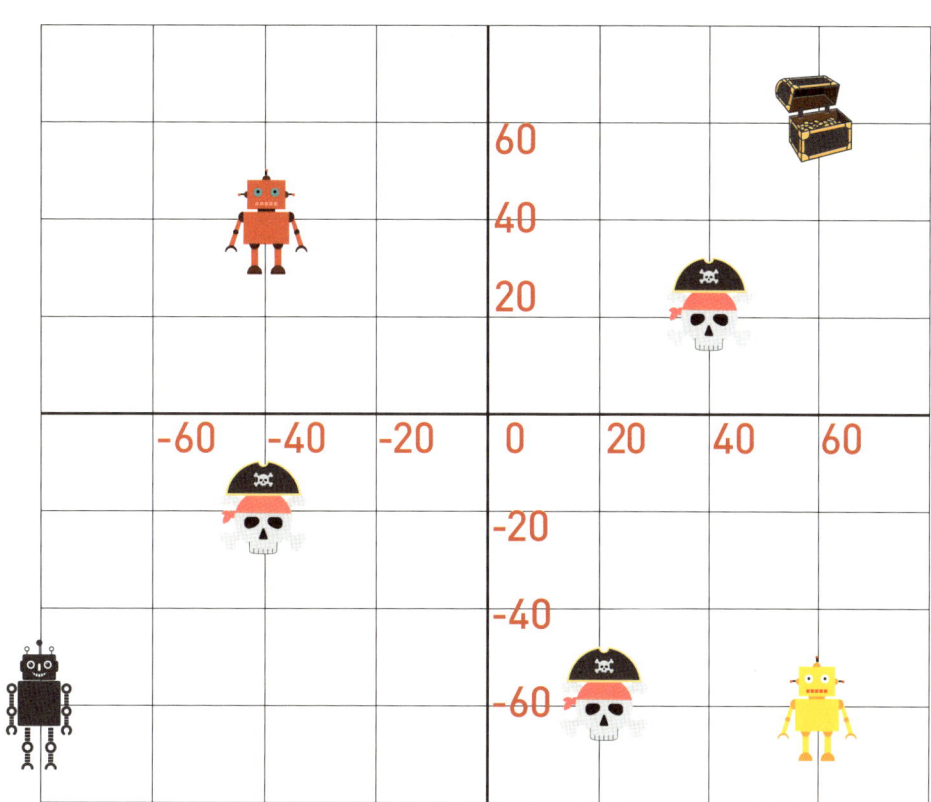

1. 로봇이 빨간 로봇 친구와 노란 로봇 친구를 각각 먼저 구한 뒤 보물을 찾으러 갈 수 있도록 이동 경로를 그려 보세요.

2. 이동 경로를 따라 움직이도록 좌표로 명령을 내려 보세요.
   예) (−20, −60)까지 이동하세요.

 **부록 ㉕**

선을 따라 오려서 사용하세요.

PART 02-06 • 플립북 종이

 **부록 26**

선을 따라 오려서 사용하세요.

PART 02-06 • 사고력 플립북 종이

PART 02-07 • 인터넷 도시 종이

부록 28

상들 크기가 음식사 사용하세요.

PART 02-08 · 개인 정보 보호 카드